建築設計事務所 明日家デザイン工房 誕生物語

リ・バース

～社長解任、そして復活からの軌跡～

明日家スタジオ代表取締役
玉木 優

Parade Books

空に浮かぶ月。
街灯のない時代、日が暮れれば月の灯りを頼りに夜間移動した人たちがいる。
太陽ほど全ての人に恵みを与える自信はないが、
行く道を照らす位の人間にはなりたいなぁと思う、とある夏の夕暮れ時。
（2013年8月18日　Facebook投稿より）

はじめに

私には4歳になる息子がいる。

その息子が時折、ＹｏｕＴｕｂｅやテレビ番組でマントを羽織っているキャラクターを観ては、「スーパーヒーロー？　スーパーヒーロー？」と尋ねてくる。

また、一緒に入浴した際には、お風呂上りにバスタオルをマントに見立てて肩にかけ、「スーパーヒーロー！」と言って喜び、脱衣所から駆け出していく。

そうだ！

今となっては不鮮明な記憶だが、私たちの世代でも幼い頃は、男の子は皆、ヒーローに憧れたものだった。


時は、昭和40年代後半。

カラーテレビが普及し始め、男の子たちは、仮面ライダーやウルトラマン、マジンガーＺなどのヒーローの活躍に日々胸を躍らせていた。

それが成長するにつれ、「ヒーローとは空想世界の人物で、あくまで観賞用」という意識が定着する。己の能力や周囲の環境などによって、子供ながらに将来の夢が現実的なものへと変化していくのだ。

私は、幼稚園時代には警察署長を夢見ていたし、小学生の頃はプロ野球選手や漫画家になりたいと思っていた。それがいつしか、何の冒険もせずに生活の安定を求めて、普通のサラリーマンになろうと思い始め、実際にその道を選んだ。

経営者になろうなどとは、30代半ばまでは考えたこともなかった。

大人になると、主役が這い上がるストーリーのドラマや映画に関心を示すようになる。古くはマイケル・J・フォックス主演の映画『摩天楼はバラ色に』、経営者となってからではドラマ『半沢直樹』『下町ロケット』などを胸躍らせて観る自分がいた。ビジネス界に悪役がいて、それを倒す成功者をヒーローに見立てて応援する。これが男としての〝爽快感〟につながっていたのかもしれない。

今でも少年漫画を読むが、やはり面白いと思うものは、主人公が敗北を経験しながらも力をつけて、強大な敵に立ち向かっていくというストーリーの戦闘物や王道物が多い。男はいくつになっても、ヒーローへの憧れを抱いているのだと思う。

無論、経営者がヒーローというわけではないし、私がヒーローだなどとは毛頭思ってもいない。ただ、私はこれまでの人生で様々な困難に直面した。その経験値により強い精神力を身に着け、絶望的な体験も経ることで自我に目覚めた。これは、紛れもない事実だ。様々な敵と戦うことで経験値を積み、絶望的なほどの強大な敵との対戦を経て覚醒した、と言ってもよい。

この本に書かれている内容、特に序盤は、ヒーロー物のストーリーには程遠い。しかし、紆余曲折しながらも現在に至るまでの経緯や想いなど、私が実際に経験した内容を綴ってみた。

茨城県にある、小さな小さな住宅会社経営者の物語。しばし、お付き合いください。

目次

第Ⅱ章　強者集う住宅業界へ　45

第III章 激動の6年、初めての社長就任

第Ⅳ章　社長解任、そして復活へ　115

第V章　大切な人たちの〝想い〟を守るため

第I章

不器用、世渡り下手、波乱の若年期

突然の〝社長解任劇〟

「社長を解任します。すでに代表取締役の変更登記も済んでいます」

その場には親会社の社長と専務、そして話がこじれることを予想してか、親会社の顧問弁護士まで同席していた。

専務から発せられた〝解任〟の通達。普通ならば、〝寝耳に水の宣告〟のように思われるかもしれない。だが、専務から電話で呼び出しがあった時点で、私自身は何となく話の内容を想定していたので、さほど驚かなかった。

2013年8月初旬の暑い日。

会社の休日とあって、私は家族と買い物を楽しんでいた。そこに東京都内にある親会社の専務から、「水戸の事務所に社長と一緒に来ているから、今から来てください」との電話が入る。

わざわざ社員がいない休日を選んで親会社の社長も一緒に来ているということは、ただならぬ話であることはすぐに察知できた。

それからいったん自宅に戻り、着替えを済ませて水戸の事務所に到着するまでの約1時間余り、いろいろなことを想定し、覚悟を決めて車を走らせた。

「社長を辞めることになるかもしれない」ことも、想定していた覚悟の1つ。


社長解任の話を聞いてからも、私は一切反論せず、ただただ指示通りに動いた。

顧問弁護士まで連れて来たのに私から何の反論もないので、おそらく先方からすると拍子抜けだったかもしれない。私はその場で会社の預金通帳とキャッシュカードを親会社の社長に渡し、それを受け取った社長はすぐさまその場を立ち去っていった。銀行に向かったのだと思われる。

その後、私は言われるがまま、明日から会社に出勤しなくても済むようにデスク周りの自分の荷物の片づけをした。リース中の社用車は普段使いもしていたので、いきなり無くなると困るだろうからと、返却までに数ヵ月の猶予を与えられた。

このリース車も、後々自分の首を絞めることになるのだが……。


社長解任劇の翌日。

心配してか、多くの社員から電話やメールなどで連絡をもらうことになった。

定休日明けに会社に出勤したら突然「社長が変わった」という話を聞いたのだから、当然と言えば当然だ。

「社長が変わるのであれば、会社を辞める」という社員まで何人も出てきた。

1人2人までは想定していたが、10人前後に膨れ上がり、これは想定外だった。

さて、どうしたものか……。自分が社長を辞めることで社員の生活の基盤まで揺るがすことはあってはならない。

ここから数時間。今後、どのようにしていくのが正しい判断になるのかを、ひたすら考え続けた。


……ところで、私は、子供時代に〝人生初の解任劇〟を体験していたのかもしれない。

時は中学生時代までさかのぼる。

顧問の指示を断り、野球部を辞めたあの日…

私は、1969年2月、茨城県鹿島郡旭村（現鉾田市）で専業農家の長男として生まれた。両親は否定しているが、小学生の頃から時折、農家の手伝いをさせられてきた。

その当時の鮮明に残る記憶と言えば、いくつ作ったか数えきれないほどの農作物出荷用の箱折り、サツマイモ、大根、ニンジンなどの水洗い、ニンジンやサツマイモの箱詰め……などなど。

また、水戸市青柳にある青果市場にも父親の運転するトラックに同乗し、何度も出荷を手伝った。冬の寒い時期は、青果市場に設置されていた紙コップ式自動販売機の温かいココアを飲むのが数少ない楽しみだった。

もう1つ。

父親が農作業の合間に、私のキャッチボールの相手をしてくれるのも楽しかった。

父親はとにかく厳しかった。よく叱られたし、手伝いが遅れたりすると叩かれることも珍しくなかった。おそらく、父親もそうして育てられたのだろう。家では笑っている顔をほとんど見たことがない。

そんな父親が時折、キャッチボールをしてくれたのである。さらに小学5年生の時には、友人のツテを頼って私をリトルリーグに入れてくれた。野球は小さい頃から好きだったが、ここから本格的にプレーするようになる。

週末には練習と県内や近隣県への遠征（試合）という日々が2年間続いた。ポジションは、ピッチャーと内野手。

読売ジャイアンツの大ファンだった父親には話してはいなかったが、当時、私は阪神タイガースの大ファン。〝若トラ〟と呼ばれる掛布雅之選手に憧れて、プロ野球選手を夢見てプレーする週末は最高の喜びだった。

何より、農家の手伝いをしなくてよい。これが嬉しかった。もちろん、野球のない平日は手伝ったが……。


中学生になると、当然のように野球部に入った。

野球部では早朝と放課後に練習があったが、農家の手伝いよりも好きなことができているる分、キツイとは思わなかった。

ただ、小学校の時は結構〝上手い方〟と思っていた野球への自信が、中学校では〝普通レベルだな〟と思うようになっていた。中学校の野球部には他の小学校からも野球の上手い選手が集まって来るわけだから、当然と言えば当然である。

それでも、私はレギュラーを目指し、日々野球に打ち込んでいた。

そんな楽しい日々が、突如、終わりを告げる。

野球部を辞める、いや、辞めざるを得ない事態に直面するのだ。

中学2年生の初夏。

〝ネズミ〟と言われる肘関節遊離体ができた。練習には参加するものの、利き肘に痛みがあるため、ボールを投げることができない。3年生が引退して自分たち2年生の新チームになったばかりだったが、キャッチボールや守備練習ができず、紅白戦があっても仕方なく見学せざるを得なかった。

その年の春、野球部は顧問の先生が変わっていた。

前の先生の時までは、紅白戦の審判は下級生が務めるという慣例があり、私も上級生がいる時は何度か紅白戦の審判を経験したことがある。ところが、新顧問の先生は前年度までの慣例を考慮せず、紅白戦に出場できない上級生になっていた私に審判をするように指示を出してきた。

私はそれを拒否。

審判が嫌なわけではない。ただ、子供ながらに今まで下級生をしてきたことを上級生がやるということに対してプライドが許さなかった。

あとでチームメイトから聞いた話だが、審判を拒否したことに内心腹を立てた顧問の先生は、「もう、あいつは使わない」と言っていたらしい。〝反抗した〟と顧問の先生は思ったようだ。

間もなく肘は治ったのだが、紅白戦や練習試合があっても試合には一切出してもらえなかった。

いわゆる〝干された〟状況。

1度だけ、先生が出張で不在だった際、チームメイトが「玉木、出ろよ！」と言ってくれて出場した夏休み後半の大会が、2年生チームになって最初で最後の試合出場となった。

その後も同じような状態が続く中、秋の県東地区予選大会が近づいた。

「どんなに頑張っても試合に出られないなら、続ける意味がない……」

試合に出られない恥ずかしさもあったが、それ以上に、自分のプライドがそのまま野球部に所属し続けることを許さなかった。

そして、私は野球部を辞めた。

今思えば、これが私の人生で1回目の解任みたいなもの。冒頭の〝社長解任劇〟とつながる部分もあるように思う。素直に従って審判をやっていれば試合に出してもらえたのだろうが、それができなかった。上手く立ち振る舞うことができないところが、今も昔も私にはあるようだ。

いずれにしても、〝人生初の解任〟を味わった瞬間だった。

高校で野球を再開するも…

高校に入り、再び野球部に所属することになる。

中学2年で野球部を辞めて以来、もう野球をする気はなかった。しかし、進学前の春休みにテレビで選抜甲子園大会を観ていて、「やっぱり、野球がしたい……」、そう思ったのだ。

私が入った高校は、過去に甲子園出場経験もあり、まだ私立校が台頭していなかった当時の県立高としては、県内で何本かの指に入る強豪校だった。

野球部員も1学年だけで20人程いた。私は、最上級生になってもレギュラーになれるかどうか、ボーダーラインギリギリという立ち位置。

3年生が引退して最上級生になった2年生の冬、私は真剣に筋トレを行い、それが功を奏したからか、春からの本格的なバッティング練習を開始すると、自分でも信じられないくらい打球が飛ぶようになった。

身長170センチと野球選手としては身体が小さかったが、それでも筋トレ効果でオーバーフェンスをすることもしばしば。確かな手応えを感じ始めていた。

そうして気持ちよくバッティング練習を終えた時のことだ。

「玉木、お前はそんなバッティングしても駄目だ！　右に打て！　とにかく右だ！」

監督の言葉が響いた。

指示の内容は、右打者だった私は長打を狙うのではなく、ランナーを進塁させる〝チームバッティングに徹しろ〟というもの。意味はよくわかる。身体の小さな私には、私に似合った役割があると言われているのだ。

「筋力がついて飛距離が伸びることを実感し始めたばかりなのに……」

大きなジレンマに襲われたが、結局は指示に従った。

理由は、ただひとつ。

「どんなことをしてでも、試合に出たい」

その想いだけだった。

以後、私は徹底した右打ちを心がけてプレーした。ボールが内角に来ても、無理にでもおっつけて流し打ちした。

やがて最後の夏の茨城県大会が近付く頃、私が練習試合に出場する機会は全く失われていた。

理由は、無理して流し打ちに徹したバッティング練習の成果が監督の意図にそぐわず、そもそも実力不足だったからもしれないが、他にも3年生引退後の新チームのことを見据えた監督は、練習試合で下級生を積極的に使ったからでもある。

例えばダブルヘッダーの場合、1試合目は3年生中心のレギュラー、2試合目は2年生中心のチーム構成となった。それゆえ、3年生の控えだった私が試合に出る幕はない。あってもせいぜい、試合終盤の守備固めくらい。私の役目は選手ではなく、3塁コーチャーだった。これは練習を真面目に頑張っていたから、監督がせめて3塁コーチャーとしてなら……と気を遣ってくれたのだと思う。

振り返れば、あの頃は野球が楽しくなかった。

筋力がつき始めて長所となり得たかもしれない部分を伸ばすことなく、真逆とも思える指示に従って練習を続けたことはつまらなかったし、何より試合に出られなかったのが辛かった。

私だけの想いではない。

中学時代もそうだが、高校で野球ができたのは、両親が応援してくれたおかげだ。母親は毎朝早起きして弁当を作ってくれた。合宿などがあれば、当番制で他の父兄と一緒になってチーム全員のご飯作りもしてくれた。当然、野球を続けるためにはお金もそれなりにかかっている。家族に対して、自分が活躍している姿を見せたいという想いはあった。

活躍できるかどうかはともかく、試合には出たかった。しかし、出られなかった。

それでも、最後まで野球部を辞めなかった。

中学時代に1度辞めているから、今度は辞めるわけにはいかないという気持ち。

また、自分は3塁コーチャーとしてベンチに入れたが、ベンチにすら入れない同級生もいた。

そんな人たちの〝想い〟も託されているような気持ちもあったからだ……。

楽しかった草野球

中学・高校を通じて、野球は楽しいものではなかったように思う。

農家の手伝いの合間にした父親とのキャッチボール、初めて本格的にプレーしたリトルリーグ、あれだけ大好きだった野球が楽しく感じられなかったというのは、考えれば不幸な話だ。

現在の状況はよく知らないが、当時の野球部は絶対的な指導者がいて、指導者の考えの下でコマのように動くことが選手には求められていたように思う。また指導者にも事情があって、特に強豪チームの監督ともなれば、常勝チームを作らねばならないというプレッシャーを背負っている。そのために、練習試合の2試合目では3年生の控え選手よりも、2年生中心のメンバーを選んだ、……ということも理解はできる。

でも、何かと大人の理屈・理不尽を感じることが多かった。ある意味、組織の複雑さを身をもって体験したとも言える。

反面、高校卒業後の野球は楽しかった。

本格的な野球部に所属したわけではない。仲間内の草野球や、最初に勤めた会社の野球大会などの話だ。

ここでは、試合に出られるし、うるさいことを言う指導者はいない。流し打ち一辺倒のバッティングなど求められない。インコースに来たボールは思いっきり引っ張るし、アウトコースならば逆らわずに右へ打ち返す。思うがままプレーして活躍すればいいのだから、これほど楽しいことはない。

ただ、練習もせずに球速の速さだけに頼ってピッチャーもしていたので、肩だけはどうしようもないくらいに壊れてしまった。球速に任せてピッチャーができたのは最初の1年くらい。

それでも、野球はやっぱり楽しい物だった。

野球を通じて実感したのは、「人は良いところを伸ばそうとすればそれなりに伸びるし、出る杭を打ちつけ続ければ心が折れて結果が出ない」ということだ。

ヒーローに憧れて…

少々話がさかのぼるが、少年時代の楽しみをもう少しだけ書いておこう。

小学生の頃はプロ野球選手と同じくらい、漫画家になることも夢見ていた。

実際、自分でストーリーを考えて、漫画を描いたりもした。今から考えれば、遊びのようなものだったかもしれないが……。

当時、夢中になって読んでいた漫画といえば『リングにかけろ』のようなボクシング漫画や『悪たれ巨人《ジャイアンツ》』『リトル巨人くん』などの野球漫画が多かった。アニメでは、『あしたのジョー』『巨人の星』の再放送をよく観ていた記憶がある。

ちょうど『Dr．スランプ』の連載が始まった頃だったが、基本的にギャグ物は好みではなかった。その当時〝漫画＝悪書〟のイメージが世間には強くて、ギャグ漫画はその代表格だった。

現在では考えられないことかもしれないが、「漫画ばかり読んでいると馬鹿になる」と親から何度も言われた思い出がある。

それでも漫画は、今でも読んでいるし、漫画の奥深さを感じている。特に20代で出会ったいくつかの漫画は、自分の人生に大きな影響を与えており、そこに登場した台詞に何度も心を揺さぶられて生きてきた。

心に刻んでいる漫画の台詞については、後程詳述しようと思う。


中学生になって興味があったのが〝プロレス〟。

プロレスラーになりたいとも思っていたくらいだ。

当時は、ジャイアント馬場の『全日本プロレス』と、アントニオ猪木の『新日本プロレス』がしのぎを削っていた時代。私は、新日本派だった。特に、猪木の直弟子である藤波辰巳（現辰爾）選手のファンだった。

プロレスは毎週テレビで観ていたし、水戸近郊で行われた興行にも2度ほど足を運んでいる。最初は、力道山時代からのプロレスファンだった祖父に連れて行ってもらい、次は自分1人で行った。

2度目に行った時は、ちょうど藤波のライバルとして長州力が台頭してきた時で、猪木率いる〝正規軍〟と長州の〝維新軍〟がバチバチ火花を散らして戦う姿に、当時中学生だった私は大興奮したのを覚えている。

「こんなにスピーディで激しいプロレスがあるのか！」という驚きは、ヒーローに憧れる少年の心を揺さぶり、一気にのめり込んだ。身体は小さかったが、本気でプロレスラーを目指し、身体を大きくするためのトレーニングを始めたのである。

実際、当時はインターネットなどはないから新日本プロレスに入門する方法を本で調べたり、人気漫画『プロレス　スーパースター列伝』を読み漁り、プロレスラーがどんな修行をしているかを事細かに学ぼうともした。

新人レスラーはスクワットという膝の屈伸運動を1千回以上行い、最後には足元に汗の水溜りができる——などという逸話を漫画で読めば、自分もその気になってスクワットに汗を流した。

プロレス雑誌に広告掲載のあった小遣いで買える範囲の筋トレグッズも通販で購入した。夢中にはなったがプロレスラーへの憧れはごくわずかな期間で、やがて自然に静まった。今となって冷静に考えると、あんな危険なことをするのは怖い。

でも、当時は本気だった。

本気で憧れるヒーロー像だった。

漫画の主人公も同じく憧れた。

やはり私は、ヒーローとその生き方に自分の人生を重ねようとする部分があるのだろう。

苦学生だったバブル期

高校卒業が近づくと、現実的な問題と対峙しなければならなくなる。

「やはり農家は継ぎたくない。それならどうするか？」――である。

長男として生まれたからには、農家の跡取りになるのが地域の慣習だが、それがとてつもなく嫌だった。職業を決めるという決断を少しでも先延ばしするために、長く学生でいる必要がある。

さらには、進学しても家に住んでいれば、休みには農家を手伝わなければならないことは明白だったので、次のような結論に至った。

「家からは通えない、遠くの大学へ進学すること」

ところが、1つ問題があった。

親は〝高校までは行け〟と言ったが、いざ大学となると入学金や学費など多額のお金が必要、私は学費のことを親に切り出せずにいた。

そこで私が取った行動は〝給費制〟という制度を取り入れている大学の受験だった。給費制とは「入学金は収めるが、年間の学費は無料になる」という制度。私は高校に置いてあった入学資料で見つけた東京国際大学の給費制試験を受け、30倍という倍率だったらしいが、見事に合格した。キャンパスも埼玉県川越市にあるので〝家から通うのは無理〟という条件を満たしていた。

ちなみに、大学進学に対して、親は賛成も反対もしなかったと記憶している。

残るは最大の問題、入学金や生活費をどうするか？

いろいろな資料を自分なりに取り寄せて、「新聞奨学生」という選択肢があることがわかった。そこで入学金を借り、新聞店に住み込みで朝刊と夕刊配達、そして集金まで行い、新聞社からの奨学金で借りた入学金を返済し、余った分を貯えに回し、それに加えて新聞店からの給料で生活ができた。

朝刊の休刊日以外は朝3時起床だったので毎日のように眠い。しかし、給費制という待遇は進級時に成績が落ちていると資格がはく奪され、学費を収めなくてはならない——という厳しい条件があった。それでは困るので、講義にはキチンと出席し、居眠りもしないで聴いていた。

講義と新聞配達でいっぱいの日々。

ちょうど〝バブル期〟と言われる華やかな時代だったが、世間の大学生が送っていたような楽しいキャンパスライフとは無縁の大学生活だったわけだ。

実際、周囲に私のような生活をしている学生はいなかった。みんな何かしらのバイトをしていたが、それは学費のためではなく遊びや趣味のため。根本的な立ち位置が違っていたと言えるだろう。

新聞奨学生時代は、とにかく大変だった。

朝3時に起きると、前日にあらかじめ折っておいたチラシを朝刊に挟み込む作業から始まる。それらを束ねて新聞店を出発し、約200軒、50ccバイクを運転して配達する。

配達時間短縮のためには、いかにバイクから降りずにポストへ入れるかが重要なテクニックだった。右手1本でアクセルとブレーキを操作し、走りながら左手で新聞を膝の上で折って用意し、ポストへ放り込む。ポストが道路際にあると助かる。バイクをゆっくり走らせながら、停まらずに新聞を入れられるからだ。

辛かったのは、団地などの集合住宅。この場合、1階の集合ポストではなく、各部屋の玄関ポストに入れなければならない。エレベーターのない5階建ての団地もあって、そこまで毎日階段を走って昇ることで、かなり体力がついたようにも思う。

このような作業の繰り返しにより、冬場には手がしもやけで真っ赤になってしまった。病院に行ったら、診察をした医師が珍しがって私の手の写真を撮影したほどだ。

バイクのハンドルには防寒カバーがついていたが、何の役にも立たなかった。軍手もしていたから逆にかいた汗が冷気で冷やされ、それで手が変色してしまったのかもしれない。どちらにしても、「これを長く続けていたら、身体が持たない」と思い、借りていた入学金も既に返し終わっていたので、新聞奨学生は1年で辞めることにした。

ただ、住み込みという環境はよかった。寝室は個室だし、ご飯も作ってもらえる。遊ぶ時間がないから、給料が貯まって生活にも余裕が生まれる。当時、私を含めて4人が住み込みで働いていた。皆同年代の学生で浪人生もおり、それぞれに強い個性を持っていた。

唯一と言っていい楽しみは、翌日が休刊日という夜、新聞店のオヤジさんが従業員みんなを連れて宴会を開いてくれたことだ。これが年に数回あったと記憶している。

とにかく体力的限界を感じて、新聞配達の仕事は終了することになった。

今でも、年に1回くらいだが、あの頃の夢を見ることがある。と言っても、楽しい夢ではない。新聞を上手く配達できず、何かトラブルが起こっている辛い夢だ。同じように高校時代の野球部の夢も時折見るが、これも楽しい夢ではないことが共通している。

そんな辛い仕事だったが、1年間続けられたのは、

「大学を辞めると、今すぐ農家を継ぐしかない……」

その想いにすべてがつながっていた。

親友2人が支えてくれた〝2重生活〟

大学2年生になってからは夜10時から翌朝6時という、夜間のアルバイトを週4日で始めた。新聞配達を辞めたので新聞店の住み込みもできなくなり、貯金していたお金でアパートを借りた。

バイトの内容は、とある研究所において、夜間に全国の病院などから送られてくる検体（血液や尿など）を整理してラックに並べ、さらに遠心分離器にセットするというものである。求人広告で見つけて応募した仕事だ。白衣を着て手袋をして作業し、朝に引き継ぎの人にバトンタッチする――この生活を1年間続けた。

ここでもバイト仲間が数人いたが、ほとんどが年上の学生で、結構お世話になったのを覚えている。

3年生になると、茨城の実家へ戻った。

理由は、アパートで1人暮らしをしていると様々な勧誘があり、ほとほと疲れてしまい、実家のありがたみを感じ始めたからだ。実際、英会話の教材などを断れなくて買ってしまい、結構なお金を使ったこともある。当時の私は、勧誘セールスなどの〝押し〟に非常に弱かったのである。

とはいえ、実家から毎日学校に通うのは難しい。

そこで、一計を案じることになる。

講義を月曜日から水曜日の週3日に集中させ、その3日間だけ埼玉で暮らし、後は茨城で生活するというものだ。しかし既にアパートは引き払っているので、埼玉では住む場所がない。もちろん、ホテル暮らしをするようなお金もない。

では、どうするか？

ここでは仲の良かった友達、根本君と新井君が協力してくれた。2人共同級生だったが、事情があって1歳年上。

根本君は同じ茨城出身の人で、たまたま知り合って仲良くなった。その根本君のアパートに月曜日は泊まらせてもらった。

火曜日は、地元・埼玉県飯能市から大学に通っていた同じゼミの新井君の実家にお世話になった。毎朝、新井君のお母さんがご飯を作ってくださり、それをご馳走になって大学へ通った。

そして水曜日の講義が終わると、茨城へ帰る――そんな変則的な生活を、夏休みと冬休み以外は、ずっと続けた。

根本君、新井君、そして新井君のご家族の方々には、感謝の言葉しか出てこない。

友達のアパートに転がりこむことは学生にありがちとはいえ、根本君は鍵を渡してくれて自由に出入りさせてくれた。新井君のご家族は、いくら息子の友達とはいえ、毎週火曜日になるとずうずうしく泊まりに来る私を、嫌な顔ひとつせずに温かく迎えてくれた。

この2人（そして新井君のご家族）がいなければ、私のその後の人生が大きく変わっていたかもしれない。当時のことを思い出すと非常に懐かしく、そして心からお礼を伝えたいと思う。

4年生になると、講義は水曜だけにした。

朝、茨城の実家を出て、夜帰って来るという生活を1年間続けた。

ちなみに通学手段は自動車。大学2年生の時、父親が買ってくれた自家用車。

学費や生活費の負担をかけていなかったから、せめて何かしてやろうと思ったのだろうか、ローンを組んで買ってくれた。この車があったため、結果的には無事に4年間の大学生活を全うすることができたと言える。

新社会人と平凡な日々

大学の時もそうだったが、就職のことも両親には相談せずに決めた。父親とも今後のことは特に話をしなかったが、おそらく諦めていたのだろうと思う。この頃になると、跡を継げということは言わなくなっていた。

ちなみに、大学3年生で埼玉と茨城の2重生活を送るようになってから、実家にいる時は農家の手伝いを敬遠し、アルバイトに勤しんでいた。高校時代の野球部の先輩に誘われ、測量コンサルタント会社で測量の手伝いをさせてもらった。夏休みは求人広告で見つけたカトーデンキ（現ケーズデンキ）で配達や店内清掃などのアルバイト。

しかし、4年生になったあたりから農家の手伝いをするようになる。

本音を言えばずっと他でアルバイトでもして稼ぎたかったが、祖母の体調が悪く入院していたため、人手が足りなくなったのだ。現在のように住み込みで仕事をしてくれる海外実習生がおらず、家族経営が農家のお決まりといった当時の事情も影響していた。

もちろん、父親は私に跡を継いで欲しかっただろうし、82歳になっても現役で農家を続ける父親は今でもそう思っているかもしれない。だが、お互い面と向かって話し合ったことはない。これは、今後も同様だろう。

私が最初に就職したのは、日立製作所などの工場に半導体などの電子部品を納品していた会社。

仕事は〝営業職〟だ。

これまでの自分を分析すると、性格は〝人見知りタイプ〟。

高校や大学でも、いつも決まったメンバーとしか付き合わなかった。しかも大学時代にアパートを出た理由に書いたように、強めの営業をされると必要のない商品などを断り切れずに購入してしまうタイプだ。

そんな私が〝営業職?〟と疑問を抱く人もいるだろうが、営業と言っても新規顧客を開拓するものではなく、注文を受けた商品を得意先に納品することを主とする、いわゆるルート営業に近いものだった。これならば何とかやれるだろうと考えたとも言えるのだが、正直なところ、職種はさほど重要視していなかった。

やはり、「農家を継ぎたくない……」が最優先事項で、〝実家から車で通える、ある程度の規模の安定した会社〟ならばどこでもよかったという、大変失礼な動機で就職を決めたわけだ。実は自動車のディーラーの求人もあったのだが、当時は、「全く知らない人に営業するなど、絶対に無理……」と思い込んでいたので却下した。

ちなみに、人見知りは今も治っておらず、初めて会う人と話をするのは得意ではないのだが、ここは一大決心をして遂行しているわけだ。


仕事は、難しかった。

半導体に関する専門的知識がないわけで、少しは勉強もしたが、「なぜ顧客がこの半導体を使っているのか?」が全く理解できない。それなのに注文を受けると、何万、何10万単位の半導体部品を納品するのだ。また、顧客の設計スタッフなどからサンプルを注文されても、それを何に使うかさえ考えずに届ける。そんな日々だった。

1991年の入社から5年間勤めたが、結局のところ仕事に関しては〝大体のところ〟くらいしか把握していなかったと思う。

ちなみに、実家から会社までは片道40㎞の道のり。毎朝6時過ぎに出て、7時頃に会社の駐車場に着いて、数10分の仮眠をしてから仕事に臨んだ。朝は早いが残業はほとんどなく、夕方5時か6時には会社を出て帰る。

ただ、それだけ。

特にやりがいを感じることもなかったが、不満もなかったために退職を考えたりはしなかった。逆に、この仕事で一生過ごそうという将来像も持っていなかったが……。

今振り返れば、当時は農家を継がずにサラリーマンになったことで安心しており、生活のベースができる仕事があればそれでいい――くらいに考えて平々凡々とした日々を送っていた。

そして、それがずっと続くと思っていた。

あの〝出会い〟があるまでは――。

第Ⅱ章

強者集う住宅業界へ

チラシで見つけた〝初めての住宅会社〟

時は1996年春、私が27歳の時。

今までお世話になった会社に別れを告げ、住宅業界に転職をすることとなる。


きっかけは、新聞の折り込み広告。

〝新住宅展示場オープン！〟と大々的に書かれた某住宅会社のチラシの片隅に、小さく、〝営業社員募集〟と書かれた求人案内を見つけたことに始まる。

平々凡々としたサラリーマン生活に不満を感じていたわけではないのに、なぜ転職が脳裏をよぎったのか？

あえて言えば、将来のことに想いを巡らすと、「今のうちに収入の高い仕事に就くのもいいかな……」程度の、漠然とした考えが少々浮かんできていた頃だった。

その時、飛び込んできた住宅会社の〝営業社員募集〟のチラシ。

今考えると、まさに『運命のチラシ』と言える。

しかし、その時は給与面で魅力を感じたという単純な理由だけで、住宅業界そのものに魅力を感じていたわけではないし、それまでに建築の仕事をしたこともなければ、建築の勉強もしたことのないズブの素人である。

さらに付け加えれば、私の性格。

初めて会う人、また明らかに自分より年上だと思われる人には、共通の話題でもなければ会話のきっかけすらつかめない、過度の人見知り。この性格で、果たして〝住宅営業〟なんてできるのだろうか？

不安はあったが、それでも、「そろそろ環境を変えたい」という気持ちが勝った。そこで即座に面接の申し入れを行い、求人担当という方に約束を取り付け、早々に面接にお伺いすることになったのである。


面接会場は、住宅展示場横に建つ事務所。

「こんにちは」と入っていくと、机の上に足を乗せて椅子に座る強面の人が待ち構えていた。もちろん、私の存在に気付くと机の上にあった両足は机の下に隠れることになるのだが……。

大き目のダブルのスーツを着込んだ眼前の人物、「街で会ったら、目をそらしたいタイプ」以外の何物でもなかった。

という以前に、私は訪問前に会社という組織には役割があって、面接会場に行けば人事担当の方が出て来るものと想像をしていた。

しかし、実際に現地に行ってわかったのだが、会社はまだまだ小規模のベンチャー企業。目の前の強面の人物が本日の面接の担当者で、この住宅会社の社長だったのだ。

過度の人見知りという私の性格に照らし合わせれば、こんな衝撃的な展開はまさに想定外である。そのまま怖気づき、「やはり、失礼します……」と事務所を後にしてもおかしくないのだが、気弱な青年は行動に移せるはずもなく、私は予定通り面接に臨んだ。

人見知りとは言え、話すことが決まっていれば、ある程度は話すことができる。面接で自分の仕事に対する想いを伝え、その場で採用が決まった。

強面の社長も話してみると気さくで、よい雰囲気の中で、「ウチでできそうだ」と言ってくださった。私はと言えば、「よろしくお願いします」と即答し、初めての住宅会社への入社が決まったのだ。

最初の仕事は〝終わりなきポスティング〟

面接では、その場で聞いた会社の待遇が凄まじかったのを覚えている。「店長クラス以上には、高級車を社用車として貸与する」というのだ。事実、社長はメルセデスベンツ、営業部長はトヨタのセルシオ、店長はトヨタのアリストを乗り回していた。今まで仕事をしていた業界とは大きく異なり、「住宅業界は、頑張れば夢のある仕事だ」と、つくづく感心したものである。

しかし、この高級車の貸与。後で知ったのだが、住宅業界の常ではなかった。大手や中堅などでも他の住宅会社では行われてはおらず、この会社ならではの特徴だった。言葉は悪いが、イケイケのベンチャー企業だからこそできたことなのだ。

この時点ではまだまだ漠然としたイメージではあったが、「とても夢のある仕事のようだ」と心を躍らせる自分がいた。

この会社に転職して最初にしたことは〝チラシのポスティング作業〟。

毎週のように展示場に万単位の枚数で届くチラシをポスティングしやすいように折り畳み、準備ができるとポスティングに出かける。私より3週間ほど早く入社していたSさんと常に行動していた。Sさんは私より年下ではあったが、会社では先輩なので「さん」付け、そして敬語で話すようにしていた。

ポスティングは、正直に言って大変だった。膨大な枚数のチラシを紙袋に入れて「行ってきます」と会社を出てひたすら配る。が、なかなか終わらない。まさに〝終わりなきポスティング〟が永遠と続く感じだった。

数多くのチラシをさばこうとすれば、当然のように大きな集合住宅がターゲットとなる。私も同様だったが、それでも終わらない。するとかなり遠方まで足を延ばし、またまた集合住宅を探す……の繰り返し。大学1年生の時の新聞配達を別とすれば、このようなことは全く初めての経験だった。

あれだけ労力を使ったポスティングの効果がどれくらいだったのかは、データがないのでよくはわからない。ただ、私としては疑いもなく配り続けた日々だった。

驚異のノルマ設定

とにかく、出世が物凄く速い会社だった。

毎月のノルマが3棟で、それを3ヵ月続けて達成すると主任、さらには店長へ、という指標があった。業界の常識で考えれば、毎月3棟という数字は異例中の異例である。常識的には、月に1棟の注文が取れれば上出来ということを後で知った。

好成績を永遠に続けられる人は、まずいない。誰もが出世の階段を昇っては落ちての繰り返し。ポストが主任から店長、店長から主任へと上がり下がりする職場環境は、精神的にはキツイものだ。

しかし、私は常に「やるしかない」と前向きに考えて仕事をしていた。逆に、会社に行きたくないと思うようなことは全然なかった。

それが、以後の仕事に大きな影響を与えてくれている。

そう考えると、住宅業界の最初の入り口がこの会社でよかった。違う会社に行っていたならば、今の私はなかったかもしれない――と心から『運命の出会い』に感謝している。

この会社のベンチャーならではの独特のシステムを味わえて、本当によかったと思う。

なお、Sさんとは後に受注棟数を競い合う仲になる。

Sさんはそれまでも営業畑で仕事をしていたのでトークは私より数段上だった。だから彼をライバルと思ったことはない。私の方が数段劣っていると思っていたからだ。

半年後、Sさんが新しくオープンする住宅展示場の店長として転勤していくまでは、常に机を並べて仕事した。年下だけど、お兄さん的な存在だった。

愉快でエネルギッシュなメンバー

このように住宅業界に入ったとたん、私は突如スイッチがONになったように仕事に邁進し始めた。

ただ、誰も営業の仕事を教えてはくれなかった。

大手などと違い、教育係がいるわけではないから、全てを自分で身に着けていくしか方法がないという環境だった。実務的な役所や法務局での調査方法は前述のSさんが教えてくれたが、実際の接客方法などは、他の先輩社員の仕事ぶりを見て、徐々に覚えていったのだ。

思い返すと、この会社のメンバーは実に愉快で楽しかった。

入社直後の時点で、「変わった人がたくさんいるな」という印象を持った。同じ営業と言っても、前の仕事は工場などがメインの取引先でルート営業。決められた時間に決められた仕事をする人たちがいて、飛び抜けて変わった行動をする人はいなかった。会社の規範や役割があって、それに則ってみんなが仕事をしていた。

ところが、住宅会社の営業は1日がフリー。自分のやりたいようにスケジュールを組んで仕事を進める。また転職組も多かったから、いろんな個性を持った人たちが集まって来る。話の内容も多種多様で、「これを、仕事中にするるか?」というような内容も頻繁に飛び交っていた。一例をあげれば、賭け事や酒、女性の話がそれに当たる。そんなトークが普通にやり取りされている、実にエネルギッシュな職場であった。そういう意味でのビックリ感はあったのだが、逆にそれが新鮮だった。

女性の事務員がいる前で下ネタも平然と話していた。まさに〝オトコ社会〟を絵に描いたような会社だった。今ならセクハラで、とても受け入れてもらえないと思うが……。

〝営業マンの鑑〟M部長との出会い

「今までで出会った1番の上司は誰ですか?」と聞かれたら、この方が真っ先に思い浮かぶ。

営業部長のMさん。

会社から貸与されたセルシオを乗り回し、ビシッと決まったスーツ姿にオールバックの出で立ち。言葉に詰まることなく、淡々と話を繰り広げることができる。まさに、営業マンの鑑のような存在だった。

このM部長。

住宅営業と言えば敷地条件やお客様の要望に合わせて、間取りを考えるのも重要な仕事の1つである。ところが、机に向かって間取りを描いている営業マンを見つけると、「図面を描くのを止めろ!」と注意してくる。そして「展示場(と同じ建物)を売れ!」との言葉が飛んでくるのだ。

つまりは、営業マンが机に向かって図面を描いている時間は営業活動をしていない時間。

それよりも、1人でも多くのお客様に電話を入れてアポ取りをしたり、1人でも多くのお客様宅に訪問して次の商談につなげたりすることが営業本来の仕事だ――との信念を持っていたから出た言葉なのだと思う。本人の口からは聞いていないのだが、私はそう解釈している。

とはいえ、実際のところは、まずは間取りを考えないと工事が始まらない。そこで、M部長が出かけている隙に営業所の先輩たちは間取りを考えることになり、後に私もそれを真似することになる。M部長がいつ帰ってくるかわからないから、間取りを考えるスピードが飛躍的に速くなったのは言うまでもない。

さて、そういう営業スタイルを営業マンに指導するM部長が、どんな商談をするのか？

私は、間近に見ることができる場面に遭遇した。

それこそ、私の記念すべき1棟目の契約となった商談であった。

その時の話をする前に……。

全くの素人同然で入社した私は、日々のポスティングや先輩に頼まれた役所調査などを行うばかりで、平日はなかなか実際の営業手法を覚えることができずにいた。土日祭日の先輩社員はお客様との接客や商談があり、たとえ先方に教えるつもりがあっても忙しくて難しい。

そんな時、誰に聞いたか今となっては思い出せないが、「住宅展示場で掃除をする振りをして、先輩の接客や商談の様子を聞くとよい」ということを教えてもらった。

実際、商談や接客は住宅展示場内で行われており、展示場内は〝死角〟が多い。もし、お客様に姿を見られても、入社間もない社員が掃除をしていると思われれば違和感を与えにくい、……というわけだ。

私は、この手法で展示場における「案内の仕方」や「展示場内の商品説明」や「勧め方」などを盗み見と盗み聞きして覚えていった。

ただし、ここで気を付けなければならないのは、自分の存在をお客様に見つかるのはよいが、接客中の社員に見つかってはいけないということだ。「あいつが話を聞いている」と思わせると、いつもの調子ではなくなる可能性がある。つい気合が入ったりして、普段の営業トークと違ってしまう可能性があるからだ。

それでは私の勉強にならないから、接客中の社員にだけは見つからないようにと、展示場内を先回りして移動しながら勉強したものだ。後に私の営業トークを聞いた先輩から、「何か、俺の案内の仕方に似ているよね？」と不思議がられて「実は……」と理由を説明すると、「それでか」と納得していた。

このように様々な営業テクニックを見聞きして、その中から自分に合うものをチョイスする形で、私自身の営業スタイルを作り上げていったのだ。

そうして実際にお客様を展示場で接客するタイミングが来た時には、何とか説明できるまでになってきた。

それでも初めての接客は緊張してしまい、お客様からアンケートの記入をいただけなかった。M部長からは「やっぱりお前はダメだな！」と痛烈なダメ出しをもらったりしたが、慣れてくると次第に次回アポイントも取れるようになってきた。

そして運命の最初のアポイントをいただいたお客様との商談時にM部長が同席してくださったのだ。

この商談時における私は、基本的に隣にいるM部長の話を聞くだけだった。

M部長が進めていく話の流れは簡潔だ。

資金計画書で「展示場と同じ建物を建てたらどれくらいかかる」という概算金額をお客様に伝え、金額面での理解をいただくと、「当社に新築の工事を任せるかどうか」の判断を迫る。その流れでお客様は工事請負契約書にサインをする——これが、記念すべき私担当の1棟目の契約となった。

M部長は、お客様がどういう家を建てたいかとか、どんな設備を取り入れたいかなどは一切聞いていない。それらは当社にお任せいただいた後に考えてもらえばよい、というスタイルだった。

この商談風景の一部始終をインプットした私は、翌日には別のお客様宅に訪問し、M部長のやり方を模倣して、2棟目の工事請負契約を自力でいただいた。この時はまだ入社から1ヵ月程度の駆け出し営業マン。

さらに勢いは止まらず翌週にも契約をいただき、結局、入社2ヵ月半で6組のお客様からご契約をいただいた。その中には1年以上先の着工案件も含まれており、「やっぱりお前はダメだな!」と言われた1ヵ月半後には、「お前ら、どうやったらそんな先の契約まで取ってこれるんだ?」と、M部長を感心させるまでになった。

なお、「お前ら……」の中には入社3週間先輩のSさんも含まれている。

今となっては建築士法の重要事項説明義務化や住宅瑕疵担保責任保険の説明、省エネ住宅建築義務の説明など、契約時の説明項目が激増し、当時のような契約はできなくなってしまった。それでも原理原則は変わらず、工事請負契約は「当社に任せる意思がお客様にあるかないか」で決めてもらえばよいと思っている。

M部長の真意

「図面を描くのをやめろ！」と言ったM部長には、他にも名言がある。

よく覚えているのは、営業マンが名簿を見て電話をしていると、「下手な電話営業はやめろ！」と言っていたことだ。

実際、展示場にお越しになられたお客様がその場では商談の土俵には乗らず、今度は、そのお客様にしばらくしてから営業マンが下手な電話をしてアポイントの機会を逃してしまうと、しつこく思われてしまうので次回アプローチまで期間を開けなければならない。

ビジネスチャンスが数ヵ月後に先送りにされてしまうということだ。

だからこそ、同じ電話をするのならば、「アポイントが取得できるような上手な営業電話をしなさい」。

M部長は、それを言いたかった。私は、そう解釈している。

私は、何事においても物事の理由を考えようと努めている。

だからM部長の言葉にも、表面だけではなくて、その裏にある真意を汲み取りたくて想像力を働かせる。表面の言葉だけ受け取ってしまう人にとっては、M部長は単に無謀なことばかり言っている人に映ってしまうのかもしれない。

その言葉や行動の裏側には、何が隠れているのか？

もちろんM部長に直接確かめたわけではないから違うかもしれないが、私は何事にも自分なりの想像力を働かせ、理由を考え、それを良い方向に活かしたいと思っている。

だから、ある人にとっては「無鉄砲、理不尽」に思える言葉でも、私は「いやあ、奥が深いなあ……」と感銘を受けるようなことが多々ある。


なお、M部長の営業トークには〝決め台詞〟があった。

「私にお任せください！」

これを究極のクロージングトークとして使用していた。

なかなか言える台詞ではない。何しろ、全責任を自分が背負うことを宣言しているのだから。契約後に何かのトラブルが発生しても、他人のせいにすることなど絶対にできない。

「何と、強い意志を持った方なのだろう」

当初は、M部長のこの台詞を聞く度に感嘆したものだ。しかし、当のご本人はもっと気楽な営業トークとして連発していることが後にわかったが（笑）。

しかし、この言葉を言うには相当の勇気が必要だ。未だに私も言うのに覚悟を要する。仮に知人には言うことがあったとしても、知らないお客様へ言うには躊躇してしまう。それを平気で言える人だった。まさに営業マンの鑑だった。

間違いなく、M部長が最初の上司だったからこそ今の自分がある。

M部長には感謝の言葉しか出てこない。

本当にありがとうございました。

もう1人の大恩人

M部長の直属営業所から転勤することが決まった。入社3週間先輩社員Sさんも一緒だった。新しい職場は、Kさん率いる住宅展示場。

Kさんは私と同い年ながら、圧倒的な受注棟数でトップセールスマンの道を突き進んでいた。

見た目は肩まで届くロン毛で、髪の毛が邪魔をするので普段の生活においてはカチューシャ着用。お世辞にも〝ガラが良い〟とは言えない風貌だった。実際に、若い頃にはヤンチャしていたようである。

それとは対照的に、親の顔色を伺いながら平凡な日常を送っていた私。

普通に生活していたならば、交わることのなかった全く異なる経歴を持つ2人が、転勤先の住宅展示場で出会ったのだ。

しかし、この出会いが、後の運命を決めることになったと言っても過言ではない。


私は、Kさんの下で数字に対する執着心と責任感を学んだ。

仕事スタイルはM部長とは真逆で、Kさんは図面を描いて、見積もりをきちんと取って商談を進めていく。

ただ、数字に対しては本当にシビアに接した。そして責任感がハンパではなかった。自分に対する責任感だけではなく、部下など相手に求める責任感も強かった。結果が出ない時は出るまで営業し続ける。

また、結果が出ない時の部下への詰め寄り方は年上でも関係なく、尋常じゃないくらいの詰め寄り方だった。さすがに手を出したりはしないが、こんな光景を目にした。

数字に苦しむ年上の営業マンが、あたかも「契約を取ってきました」という感じで提出した契約書には、明らかにその営業マン自らサインしたと思われる筆跡でお客様の名前が書かれていた。俗にいう〝天ぷら契約〟をするほど追い詰められての結果だった。

時には、バリカンを買ってきて、数字の出ない部下を丸坊主にしてしまったこともある。

今ならばメチャクチャな行為として非難は避けられないことだろう。しかし、それくらい数字に対する執着心と、強い責任感を持っていたのだ。

私はそれなりに結果を出していたので、幸いにもそういう屈辱的なイジリはされたことがない。むしろ待遇面などで私をいろいろと応援してくれていたように感じる。

どちらにしても、私はこの人と出会って、「これは、ヤバイ。常に結果を出さなければ」と、仕事への意識をさらに高めることができた。

突き抜けた経験は自信へと変わる

ともあれ、私はこの会社で2人の上司と運命的な出会いを果たした。

M部長からは、仕事の根本を学んだ。具体的なノウハウなどではなく、どうやったら仕事が決まるかを単刀直入に学んだ。

Kさんからは、仕事に対する厳しさと責任感を学んだ。いざとなれば年上の部下も容赦しない、仕事に取り組む強いメンタルを学んだ。

住宅業界の営業としてあるべき姿の根本的なものが、ここで得られた。

現場のことは何もわからずに飛び込んだ私にとって、土台ができた。

そう感じている。

実際、この時代の私は異常なくらい仕事をしていたと思うし、結果へのこだわりも尋常ではなかった。

アポイント時間に来なかったお客様宅へ夜10時過ぎに押しかけてみたり、なかなかアポイントの取れないお客様宅の前で夜中までお客様の帰りを待ってみたり……。

どちらのお客様からもご契約をいただいたが、一歩間違えれば「迷惑だ！」と通報されてもおかしくないようなことをしていた。

なお、今ではこのような訪問はお客様の迷惑になるので絶対にしておりません。ご安心ください。

どちらにしても、Ｋさんは常に上司という立場ではあったが、20代後半から30代を共に駆け抜けた〝戦友〟だと私は思っている。

そして何より、この会社であったからこそ、後に1人で年間30棟超えの契約をもらったり、月9棟の契約をしたり、……などという、他の会社では絶対にできない成績を残すことができた。

その経験が、「注文住宅でも営業1人で、月2～3件の契約はできる」という認識につながっていったのである。

ちなみに、現在の私はこんなスタンスでは仕事をしていない。私が最初に学んだ仕事スタイルを今貫けば、多くの社員はすぐに辞めてしまうだろう。

ただ、あの時は私だけではなく、周りのみんながやっていた。それがスタンダードだった。それがバックボーンにあるから、今はとても余裕を感じる。

何の世界でもそうだろうが、1度突き抜けたような経験をすれば、それが確固たる自信となり、精神的にも肉体的にも余裕を持って対処できるのではないだろうか。

実際、あの会社で厳しく鍛えられた私は、今となっては常に余裕を持って仕事に取り組むことができ、毎日が楽に感じる。

加齢による衰えを除いては……(笑)。

語り継がれることのないエピソード

営業の駆け出しだった私は、M部長、Kさんとの出会いにより、様々な営業手法や数字に対する責任感を身に付けた。モデルハウスと同じ間取りの販売価格入り図面と資金計画書、そしてカーボン紙と工事請負契約書は、常にカバンに入れて持ち歩いていた。

以下は、当時のエピソードのほんの一部だ。

入社した年のクリスマスに、アポイントも取らずに公営住宅に住むお客様宅に訪問。家族が特別な日の夕食準備を進めている中、ご主人と1対1で談笑、最終的には契約書にサインまでいただいた。その時、奥さんが「見て、お父さん契約しているよ！」と、お子さんたちに話していた姿が印象に残っている。

時はクリスマス。家族でこれから楽しい食事というタイミングで家に上がり込んだ私も中々だが、そんな私を受け入れてくれたご主人も中々だ。今なら絶対にしない行動だった。

『初回契約』という言葉。同業の方でもピンとこないかもしれないが、初回接客時に契約書にサインをいただくことを私たちは『初回契約』と言っていた。

建築地を探しているお客様との初回接客時には、「私が責任を持って土地探しをしますので、建物が当社でよろしければご契約ください」と言って、建築地探しの期間を定めてご契約をいただく。毎月のノルマクリアのため、多くの営業マンがこうやって初回契約を挙げていた。

しかし、こうした契約には建築地が決まらないで解約になるリスクが高く、後に建築地が決まってから契約と見なすというルールができた。そのような新ルールができると、必然的に『初回契約』という営業スタイルは薄れていった。

そのようなルールができて以降、ある時、お客様から電話でのお問い合わせがあり、少し詳細をお聞きし、モデルハウスへの来店を促した。建築地があり、公共移転でなるべく早めに建築依頼先を決めなくてはならない——という内容だった。

ご来店いただいた際には、その場で方眼紙に間取りを手描きし、概算の建物価格を計算して、そのままご契約していただいた。建築地があるお客様からの『初回契約』になり、月末ギリギリで数字的な体裁を整えることができた。

これらに似たエピソードはいくつもある。

だが、現在の営業スタイルとはかけ離れ過ぎていて、伝えようとしても現実味がなく、エピソードとして継承していくことは難しい。

2000年1月　最後のお勤め

住宅会社として初めて就職したこの会社には、3年9ヵ月ほどお世話になった。最後の半年間は、千葉県の住宅展示場の店長を任されていた。出世したKさんが部長となり、私を店長に推薦してくれたからだ。

店長になったが高級車の貸与はなかった。その当時は会社の出店スピードが速く、1人1人の店長に高級車を貸与することはなくなっていたのだ。私も「社長、約束が違う」と言うこともなかった。

また、私が千葉県に行く以前にM部長は群馬県の新規出店で活躍していたのだが、ほどなくしてこの会社を辞めることになった。おそらく社長との信頼関係がこじれたのではないかと思う。

私が退職することになったのは自己都合だ。

士気に影響するとして、部下には「茨城に戻る」ということで退職の件は伏せられた。

別れ際には、皆でお金を出し合って購入したという『プレイステーション』をプレゼントでいただいた。以前はゲーム好きだったのに、この会社在籍中は仕事が忙しく、ゲームをする少しの暇さえなかったので、気を遣ってKさんがこのプレゼントを選んでくれたのだと思う。

時々この時代のことを思い出すことがあるが、良い意味で、「本当に一風変わった猛者たちがいた会社」だったと、つくづく思う。

その環境の中、私自身も働くことに無抵抗で、仕事とシャワーと寝ることとの繰り返しの日々を続けた。それでも何の疑問も持たなかった。仕事中に時折する仲間たちとの会話に爆笑し、同じ目的のために愚痴もこぼさず突き進んでいたからだと思う。

M部長のクロージングトークが「私にお任せください！」だったのに対し、千葉で出会った同郷営業マンOさんのクロージングトークは、「完成したらビールで乾杯しましょう！」だったことも付け加えておこう。

住宅業界の醍醐味を求めて

それは、1本の電話から始まった。

不動産会社を経営するお父さんのもとで仕事をする高校時代の同級生H君から、「Aさんが会いたがっている」との話を聞いたのだ。

Aさんは同じ高校の大先輩で、高校時代に1度だけお会いしたことがあった。でも、当時の私はその他大勢の1人に過ぎず、会話などを交わすこともなかった。

そんな大先輩は、茨城で若くして不動産会社と住宅会社を起業していた。

その頃、前の会社を辞めた私は、住宅業界を離れて異業種の会社に就職し、ルートセールスを行っていた。土日休みの会社を選び、少しノンビリと働く気だったのだ。

しかし、ルートセールスで決まった得意先への納品と御用聞きを繰り返す生活には、住宅会社で味わったような醍醐味がなく、正直なところ私は物足りなさを感じていた。

「このまま、この仕事でいいのか……」

転職後2ヵ月で、そう思うようになっており、自問自答を繰り返していたのだ。

その気持ちが限界に達したある日、私はAさんに電話をかけ、「1度お会いしてお話を聞きたい」と伝えていた。

Aさんが私に会いたがっていた理由は、会社を大きくしていくために必要な営業マン採用を考えているということだった。住宅業界に戻りたい意欲が増していた私が、その申し出を断る理由はなかった。ただ、生意気にも私から2つだけ要望を付け加えさせてもらった。

1つは、前職の住宅会社時代のようなモチベーションでは仕事ができないかもしれないこと。これは私個人の問題でもあったが、仕事のみに没頭する人間離れした生活に戻ることで周囲から孤立するのを懸念し、念のためにお伝えした。

もう1つは給与面。Aさんが毎月の給料を固定給として支払うつもりでいたのを、「固定給をもっと安くして、歩合給を付けて欲しい」とお願いした。無論、営業マンとしての数字に対する責任が欠落していかないようにするための自分自身への戒めでもある。

入社後はコンスタントに毎月2~3棟の受注を継続していった。

それに対し、社内の誰からも賞賛されることはなかったが、営業マンとしてそのくらいの結果を出すのは当たり前だと思っていたので、何とも感じなかった。

入社間もない頃は極度の人見知りという本来の性格を遺憾なく発揮して、周囲のスタッフになかなか馴染めないでいた。

徐々に飲み会の席や昼食を共にすることで会話が生まれ、ずいぶん仲良くなってきた頃、スタッフの1人が会社から退職を勧告され、会社内のパソコン全てのデータを消して去っていった。

幸い、私は自分で購入したパソコンを持ち込みで仕事に使用していたのでデータを削除されず、仕事に支障をきたすことはなかったが、随分な辞め方である。

会社側は普段の言動が周りに悪影響を与えているとして退職を勧告したようだが、この随分な辞め方の予兆はあった。

周囲の話に耳を傾けていると、スタッフ間で社長や専務のやり方に対し、陰ながら不満を言っていることがわかった。「何がそんなに面白くないの？」と疑問に思うほどだ。

私はこの手の話には同調したり、参加したりはしない。社長や専務は私を選んで会社に誘ってくれた大恩ある方々だからだ。人それぞれに考え方や性格がある。どうしても合わなければ社員は自ら退職を選ぶ選択肢だってあるはずだ。

その時に不満を言っていたスタッフは程なくして全員辞めていった。

身勝手な責任感、過ちの代償

入社翌年の2001年4月、2店舗目となる住宅展示場がオープン。

私は店長としてその店舗を任されることになった。

私はここで大きな過ちを犯すことになる。


前職の住宅会社は、営業マンと事務員だけというスタッフ構成の店舗でバリバリの営業会社であった。それゆえ、受注ノルマについてはシビアに取り組み、スタッフを叱咤することも日常的に行っていた。

ところが、今回任された店舗には営業マン以外にも設計スタッフが数人いた。私が前の会社と同じ感覚で店舗を運営していると、設計スタッフが皆辞めていったのだ。

当時は、それでも何とも思わなかった。だが、今になって設計スタッフの気持ちを考えれば、彼らには受注が増えても仕事が増えるだけで、歩合給が付くわけでも見返りがあるわけでもない。つまりは、自身のメリットを何も感じることがなかったのだと思う。

そして、私の言い方にも問題があったと深く反省している。

この一事は、私の大きな過ちだ。辞めていった人たちの人生に、いろんな影を落としてしまったかもしれない……。本当に、謝るしかない。


私は子供の頃にも、これとよく似た取り返しのつかない過ちを犯している。

小学6年生の時の話だ。当時の私は、人見知りとは程遠いほど賑やかな子供で、授業中でもふざけるようなことがあった。その時の担任の先生が、大学を出たばかりの新人の女性。

この先生をからかうような悪ふざけをしてしまい、結果的に先生はその1年で教師を辞めてしまったのである。私はふざける割には、勉強もできた。完全な生意気盛りで、先生からすると手を焼く嫌な生徒だったことだろう。

教師を辞めるなんて、予想もしていなかった。

せっかく大学を出て、夢であった小学校の先生になったばかりなのに。そこで私という生徒と出会ったために、自信を失い、教師の道を捨てた……。

先生のことを思うと、「やらかしてしまった……」と、後悔しかない。


それと同じで、2件目の住宅会社で社員が次々と辞めていったことも後悔している。私の言い方、やり方ひとつで状況は変わっていたかもしれないのに。

あの時は、自分勝手な責任感、数字を出さねばならないという責任感があり、その勝手な自分の想いを周りに押し付けてしまっていた。

その結果、多くの社員が辞めて、その後の人生を少なからず変えてしまった。

深く反省しています。


ちなみに小学校の先生とは、30代後半の頃に同窓会があって再会することができた。

その際、頭を下げて謝ると、「たーまーきー!」と笑って話しかけてくださった。許していただけたとは思わないが、同窓会という酒の席であったとはいえ、自分の気持ちを伝えることができたのはよかった……。

3店舗目のオープンと過去最高の発明品

以後も、受注の方は好調に推移。2002年には、3店舗目のオープンが控えていた。そんな頃、前職の住宅会社でお世話になった上司Kさんが入社することになった。Kさんも別の住宅会社に転職したものの思うように行かずに悶々としていたようだ。

3店舗目は、Kさんが店長として赴任した。

しかしこの頃から、いや、それ以前から何とかしなければならい問題を会社は抱えていた。

その問題は単純なことだ。

見積りをする仕組みが社内に存在しなかったのである。

私たち営業スタッフは間取りを考えた後、社長に「いくらで見積提示してよいか?」を確認する。その度に、社長は工種ごとの概算金額を電卓ではじきながら机上で計算し、見積金額を決めていた。

2店舗目まではそれで何とかなっていたが、3店舗目がオープンするとKさんは私に見積金額を聞いてくるようになった。

私には社長のようなノウハウがないし、金額に対しての責任も持てない。

そこで一大決意。何とかできるだろうと考え、覚えたてのエクセルを使った見積システムの開発に取り組むことになる。


開発には建物の外観形状や間取りなど、様々なケースを想定しておかなければならない。それに一歩間違えば、利益のない見積書ができ上がってしまう。


営業活動をする傍ら現場に足を運び、建物の構造を学び、職人の話に耳を傾けつつ基準となる工事単価を確定し、建材や住宅設備機器を取り扱う各メーカーや木材問屋の方々と打ち合せして仕入れ価格を1本化、見積積算に必要な基本的な標準仕様決めも行った。それに屋根の形状や勾配に応じて屋根面積と外壁面積が変わる仕組みをエクセルの計算式に落とし込み、「営業見積システム」を構築した。

営業担当者が自分で考えた間取りをもとに、決められた箇所の数量入力と屋根形状をプルダウンで選択すれば建物本体価格がわかるシステムの完成だ。

さらに採用が多いオプション品の価格表も作成した。

これなら営業マンが何人増えても、見積書作成に苦労することはなくなる。

自分でいうのも何だが、過去最高の発明品だったと思う。

このシステム制作に必要だった現場確認や多くの方々との打ち合せは、建築知識を大きく向上させる上でたいへん役立たせてもらった。

訴求力が増す「商品力強化」

営業見積システム完成後、数ヵ月して商品開発を行うことになった。

誰かに頼まれたわけではないが、立派な看板を掲げ、立派なチラシ広告を配布するも、自社で建築している住宅が地場工務店の建てる住宅と大して変わらないのがどうにも腑に落ちなかった。

目指すべき方向は、ハウスメーカーと呼ばれる大手住宅会社にも勝負を挑める建物であること。この想いのもと、またまた営業をする傍ら、構造や断熱の仕様変更に力を注いだ。

当時、床は根太《ねだ》と呼ばれる細い角材を並べ、その上に床下地合板を敷いてフローリングを施工するのが一般的だった。これを剛床《ごうしょう》工法と呼ばれる根太を使用しない工法に変更した。施工順番も屋根が完成してから床下地を造るのが一般的だったのを、まず1階床下地を造ってから柱を建てていく工事手順に切り替えた。これには工期短縮の狙いもあった。

また、住宅の耐震性能は筋交《すじか》いと呼ばれる木材に委ねられていたのを、耐震用のパネル張りに変更した。当時から2×4（ツーバイフォー）工法の方が耐震性に優れていると言われていたので、それを木造軸組み工法にも取り入れた形だ。

後に命名が得意なKさんはこれを、『ハイブリッドストラクチャー』と名付けた。木造軸組工法の間取りの自由度と2×4（ツーバイフォー）工法の強度を併せ持つ構造という意味である。

断熱材もペットウール（ポリエステル系繊維で作られたもの）や現場発泡ウレタンフォームなどをいち早く採用した。アルミ障子のペアガラス（複層ガラス）が当たり前だった窓は、アルミと樹脂の複合サッシを早くから標準化した。

最近になって住宅の仕事を始めた方々は、「こんな構造、当たり前ではないか」と思われるかもしれない。だが当時は画期的で、同じ工法、断熱材を採用している住宅会社は周りになかったのだ。

この商品力強化により、営業マンがお客様に訴求できるポイントが何点も増えたことになる。

「人財育成」と「顧客満足度」

4店舗目もオープンし、社員も増え、会社はコンサルタント会社を入れての本格的な「人財育成」に乗り出した。こういった類のものを毛嫌いしていた私は最初乗り気ではなかったが、次第にその内容に魅力を感じ、後に新入社員研修を担当する時にも、この時の研修をもとに話をするようになったほどだ。

そのコンサルティングでは「顧客満足度」に関しても重点を置くようになった。

私が真剣に自身の変化を追求していたので、同じく研修に参加している社員は全て同じ考えでいると思っていた。

しかし、研修はあくまで研修、中には仕事で実践できない社員もいた。

あるお客様からお叱りの連絡があり、営業担当者でもその店舗の店長でもどうにもできない、……と言うのだ。早々に店長の上司である私がお客様の母親宅に訪問し、事の経緯を聞くことになる。

話の顛末はこうだ。

お客様（息子さんと呼ばせていただきます）は母子家庭で育ち、親1人、子1人。

その息子さんが結婚を機に家を新築することになり、別に暮らしていたお母さん（お客様の母親）にも新築したら一緒に住もうと誘っていた。それを伝えたのは息子の結婚相手のお嫁さん。お母さんはとても喜んでいたらしい。

しかしながら営業担当者の言ったことをやってくれない不誠実な対応、いつまで経っても話の進展がないことに業を煮やし、お母さんは言いたくもない苦言を呈した形だったのだ。

お母さんは、初めて会う私の前で涙ながらにそれらを話してくれた。

本当に申し訳ない気持ちしかなかった。


その晩、直属の営業社員を集め、緊急ミーティングを開催。

事の経緯を説明し、息子さん夫婦やお母さんの気持ちを代弁し、沸々と湧き上がる怒りを抑えきれず、不誠実な対応をした営業担当者を椅子越しに本気で蹴り飛ばした。

保身のために言うが、成人してから本気で人を蹴り飛ばしたのは、後にも先にもこの時1度だけである。

これが功を奏したのかどうか、その営業担当者は社内でも1、2位を争うほどの顧客満足度の高い営業マンに成長していく。


また、念のために。

営業担当者を変えて打ち合わせを進めていったそのお客様宅は無事に完成。

家族3人で暮らし始めました。

〝謝り上手〟な〝器用貧乏〟

営業もしながら店舗運営も任され、さらには商品開発や見積システム構築の功績を買われたのか、設計と工事をまとめる技術系トップのポジションを兼任するようになっていた。部下が全社員の過半数を超えていた時もあった。

部下の対応の悪さからお客様のところにも何度もお詫びに行った。時には直属の部下ではないのに会社を代表する形でお詫びに行き、極めつけは原因が専務の対応だったものまでお詫びに行った。

社員が増えると人事評価で査定を下げたくない、……と保身に走る者が多くなり、都合のよい話で難を逃れようとする。そして担当者ではお客様を抑えきれなくなり、私にお声がかかる――という流れだ。私はお客様の話に耳を傾け、対応の悪さをお詫びし、打開策をお伝えしてご理解をいただくので、結果、丸く収まることが多かった。

現在でもそうだが、仕事をしていると「お詫びしなければならない時」がしばしばある。

その時、経緯や言い訳から入る人と、お詫びから入る人の2つに分かれる。

私は、後者だ。

「すみませんでした。こういうことがありまして……」と、まず謝罪と結果を伝えるのだ。

逆に長々と経緯や言い訳から話す人は、「何が言いたいんだ？」と思われて、結局は相手の機嫌を損ねさせ、聞く耳をもってもらえない。

やはり相手を不快にさせたのだから、まずは謝罪しなければならない。素直に謝らないから、みんな揉めてしまうのだ。

ある意味、私はクレーム対応が上手く、その結果、関係ない部署の謝罪にまで駆り出されていた〝器用貧乏〟なのだろう。

事実、そんなことを繰り返していても、会社から言わせれば、「日頃の指導不足」と言われるまで。もちろん、何ら自分の加点にはならないことはわかっていたが……。

第III章

激動の6年、初めての社長就任

目標、〝取締役就任〟

入社時から会社には社長と専務の2大取締役がいて、その他は従業員という構成だと思っていた。

ところが後から入社したKさんが取締役に任命された。これは衝撃的だった。後から入社したKさんが取締役になったことがではなく、従業員であっても頑張れば取締役になれるという道筋があることがわかったからだ。

1つの目標ができた。

これまで、会社のために生活のほとんどを犠牲にして仕事に時間を割いてきた。営業マンとしてだけではなく、店舗や技術系の部門もまとめ、成果につながる仕組みも作り出してきた。それらを口に出してアピールすることはしなかったが、取締役になるという目標ができたことは会社側（取締役陣）には伝えた。

翌年2005年10月に新店舗がオープンし、私は技術系の責任者をしながら店長職を兼務した。有能な営業マンも他店から加入し、オープンから勢いに乗った。この頃は、平日は本社勤務、土日祭日は本社から車で1時間半離れた店舗で営業と店長職をこなしていた。

そしてオープンから数ヵ月後、事件が起こる。

営業マンの1人が飲酒運転をし、免許取り消し処分となったのだ。

当該営業マンはそのまま仕事を続けることになったが、車がないと営業ができない地域。このことを重く見た会社は、店舗の受注ノルマを大幅に減らし、私にはその責任を取る形で半年間の減俸処分が下された。

しかし、この事件があったからこそ店舗の絆が深まり、チームワーク強化にもつながったのではないかと後になって思う時がある。事実、1年後には減らされた受注ノルマは楽々クリアし、当初設定されていた受注ノルマも楽々超えていった。

2006年9月。

取締役陣との個人面談が行われ、前年には時期尚早と見送られた取締役に任命された。

「これでまだ頑張れます」と涙したのを鮮明に覚えている。

今だから言えるが、取締役というポジションにいることで名声や地位を得たかったわけではなく、ただただ〝取締役任命〟＝〝認められた〟、つまり過去の努力が報われたことが嬉しかったのだ。

慕っていた兄貴分の他界

取締役就任の翌月に訃報が入る。

兄貴のように慕っていた5歳年上のIさんの他界……。

数ヵ月前までは大病を患っていたことなど微塵も感じさせないように仕事をし、会社のサーバー設置や店舗間を結ぶシステム開発に力を注ぎ、個々のパソコンに不具合や入れ替えがあると率先して担当してくれた。

生前お見舞いに行った時は、まだこんなに力があるのかというくらいの握力で私の手を握り返してくれた。その場では会話ができる状態ではなかったので、取締役就任のことは報告できずにいた。

今でも「玉さん、玉さん」と私の名を優しく呼ぶ声を鮮明に思い出すことがある。もう少し早く取締役になっていれば「よかったな、玉さん」と一緒になって喜んでくれたに違いない。


Iさんの葬儀の日は奇しくも新商品発表会の日で、前日から営業マンが提案しやすいプラン集の総まとめに入っていた。設計部全員で徹夜。営業開始時間ギリギリまで作業し、そのままIさんの残してくれたサーバー経由で各店にプラン集を配布することができた。

Iさんが残してくれた功績は大きい。

取締役解任、そして退職へ…

その事件は、取締役就任2年目に起きた。

信頼していた部下の若手社員が刑事事件にまで発展する不正行為を働いたのだ。

真面目なタイプで人当たりがよく、私の誕生日には身銭を切ってドンペリまでプレゼントしてくれた若手社員だった。まさかそんなことをするとは思っていなかったので、何かの間違いだと思った。先方に誤りがあったのだろうと思ったほどだ。


結果、社長と私とでその後の対応に当たって事なきを得たが、不正を働いた若手社員は懲戒解雇、その数ヵ月後に私も責任を取らされ、取締役を解任された。

解任の事実を知った他の社員たちの中に、「玉木さんも不正に加担していたのではないか?」と噂している向きがあることも耳に入った。反面、「自分にとって親父のような存在、これからも頑張って欲しい」と心配してメールをくれる社員もいた。

そう言ってくれた社員も、取締役解任後に会社の方針に従って、現場をキレイに見せる活動に力を注いでいた私を批判していたらしいことを耳にするのだが……。


会社も大きくなると中途採用者も増え、いろいろな血が混ざってくる。その場にいない人の悪口は最高のコミュニケーションツールなのだろう。

それを黙って聞いている者もいれば、その事実を私に伝えてくれる者もいる。伝えてくれなくてもよかったのに……。

最終的に足の引っ張り合いが現場では起こっていた。少なくとも私にはそう感じられた。ほとほと人間関係に嫌気がさし、私は会社に背を向けることになる。

２００９年12月、９年半勤めたこの会社を退職した。

自営業、順調な滑り出し

退職後数ヵ月の期間を経て、茨城県水戸市に事務所を借り、個人事業主として工務店向けコンサルティングの仕事を始めた。

今まで培ってきたバックボーンのお陰で、数社から仕事の依頼を受けることができた。

主な内容は、広告制作や営業マンの見込み顧客管理指導、商品力・仕入れ力の強化に積算システムの構築など、大手コンサルタント会社ではできないであろう実務的な部分のフォローをさせてもらった。

並行して新規開拓のため住宅関連会社へのアプローチも行った。

そんな最中、アプローチ先の1社が私の経歴を詳しく知っており、東京都港区三田の事務所で面談を行うことになる。


話の内容はこうだ。

「グループ内に住宅FC（フランチャイズ）の会社を設立したばかりなので手伝って欲しい」


興味深い内容だったので、承諾してFC店募集のために様々なツールを用意した。しかし、世間の目は冷たい。あちこちの工務店にも足を運んだが、実績のないものは見向きもされなかった。

一大決意してグループ会社を統括しているホールディングス会社社長（以下HD社長）に提案を持ちかける。

「FC店を募集する前に、売れる仕組みであることを証明する必要がある。そのためにはまず自社の営業店をオープンし、実績づくりが必要です。私の事務所がある水戸市でならそのお手伝いができます」

ここから、本格的な住宅会社づくりが始まった。

まずは店舗探し、並行してスタッフ探し。幸い店舗候補は住宅総合展示場隣接のコンビニ跡の空きテナントが見つかった。スタッフは元部下だった設計2名が来てくれることになった。営業と工事スタッフはHD社長が声をかけてくれて集まった。

さらに、営業店オープン前にホームページ経由でご縁のできた1組のお客様からご契約をいただくことができた。

順調な滑り出しである。

初めての社長就任へ

この会社は、HD社長が設立から社長を兼務していた。

まだ1期目の社歴の浅い会社である。私は、社長はそのまま変える必要はなかったと思うのだが、ＨＤ社長が新しい社長候補を探し始め、私にその相談を持ちかけてきた。

「誰かいませんか？」

「…………私がやりますか？」

そんな簡単なやり取りがあって、住宅ＦＣ化を見据えて始まった住宅会社の社長に就任することになった。

個人事業としてコンサルティング契約をしていた他の住宅会社は、契約日満了と共に契約更新をしないようにさせていただき、自営業はいったん休業することになる。

２０１１年4月のことである。

いきなりの「資金難」

２０１１年６月、水戸店オープン。

バックに親会社があるので資金の心配はしていなかった。水戸店オープン前から給与はキチンと支払いされていたし、テナントを借りる際に必要な敷金、礼金、前家賃も支払いを済ませてくれていた。すでに受注も１組ではあるが決まっている。


ところが、次第に雲行きが怪しくなってきた。

テナントの改装に使った費用が一向に支払われないのだ。


その後、何とかご契約いただいたお客様の手付金で会社を運営したが、テナントの改装工事費用は支払いが残ったまま、ついには給与の未払いまで始まった。私個人も資金を会社に貸す形でテナントの改装費用の一部を支払ったが、これは急場しのぎに過ぎない。

手付金以外の工事代金入金があるまで、生きた心地がしなかったのを覚えている。

水戸店オープンから5ヵ月後、支払うものは全て支払い、資金難は何とか解消できた。

ここからが本当の意味での勝負だ。

社長就任からの1年間

水戸店オープンから1年。会社は2期目の決算を迎えた。

受注は好調で、追っかけ工事も始まっていた。

預金は豊富にあったが、あくまで工事代金の前受け金がほとんど、住宅はお客様への引渡しを終えないと売上高に算入できないので決算上の数字は大赤字だ。多くの建設業者は開業間もない時期は、同じ経験をされていることだろう。

オープンしてからの1年間は、まず地域の皆様に会社名を浸透させることが優先されると考え、いくつかの仕掛けを施した。

定期的に入れるチラシ広告はもちろんのこと、まずは『小学生夏休み絵画コンクール』を行い、水戸市内の地域情報誌とチラシ広告の両方で応募を行った。入賞者には賞品も用意。小学生のいるご家庭に社名を覚えてもらう戦略だ。作品は水戸ショールーム内に掲示し、興味がある方は見学も可能。コンクール終了後に大賞のご家庭にお電話した時は、お母さんから悲鳴にも似た歓喜の声が聞こえてきたのを今でも覚えている。

地域に社名を浸透させるという本来の目的に対し、大きな成果を得られたかどうかはわからないが、やってよかったと思えた瞬間だった。

また、大した受注数でもなかったのに思い切ってハイブリッド車のプレゼント企画を行った。ご成約者の中から抽選で1組のご家庭に「ハイブリッド車が当たる」というキャンペーンだ。

チラシ広告で大々的にキャンペーンをPRしたのでお客様が殺到するかと思われたが、蓋を開けてみると普段とさほど変わらなかった。実際に1組のお客様に納車式まで準備してハイブリッド車をプレゼントすることになったのだが、新しい車は必要なかったらしく、すぐに売りに出したらしい。

受注につながる成果としてはイマイチだったが、近隣同業他社への威嚇にはなったと思うので、〝結果良し〟とした。

さらに「高品質適正価格」を売りにしたフリープラン対応の注文住宅スタイルでオープンから展開してきたが、フリープランだと応対する営業マンのセンスや知識・経験に左右される部分が大きいので、販売しやすい「低価格の住宅商品」の開発も進めた。

フリープランとは、お客様のニーズに応じて間取りや外観、仕様などを決めていくプランニング方法だ。

「高品質適正価格の注文住宅」と「低価格の住宅商品」とではお客様に訴求する営業トークも異なるので、水戸店は今まで通り「高品質適正価格の注文住宅」を取り扱い、「低価格の住宅商品」は取り扱う店舗を別に設けることにした。


ここから2号店出店の準備に取りかかる。

人財を探し、テナントを探す。店舗を別にするだけではなく、「低価格の住宅商品」は将来のFC店募集の有力なコンテンツになり得るので、低予算でオープンできることにもこだわった。

店舗のブランド名も既存店とは別にした。

またフリープラン対応とはせず、プラン集からご要望に近い間取りを選択、カラーバリエーションもできるだけ絞った中から選んでもらうセミオーダー型の注文住宅とした。

ターゲットは建築地探しから始めている住宅一次取得者層で、住宅にかける予算が厳しいお客様だ。

人財もテナントも決まり、2店舗目の開業目前まで進めたところで2年目の決算を迎えた。先行で準備をしてきた経費分もあるので大赤字は当然と言えば当然の結果だ。

それでも水戸店オープンから綿密な資金繰り表を作成し、毎月の入出金状況を把握できるようにし、直近単月の入出金状況や数ヵ月先の入出金予測も確認しつつ進めていたので、決して無理な投資をしていないことがわかっており、焦りは全くなかった。

就任2期目の壮大な取り組み

会社の決算上は3期目にあたるが、私にとっては社長就任2期目が始まる。飛躍の1年だ。

2号店となる水戸赤塚店を7月にオープンさせ、さらに3号店、4号店の出店準備に取りかかる。スタッフも随時募集し、水戸店が手狭になってきたので近くに本店機能を移転するための事務所も借りた。

3号店は10月に茨城県ひたちなか市、4号店は翌年1月に茨城県土浦市にオープンさせた。

いずれも「低価格の住宅商品」を取り扱う店舗で、貸テナントを探し、店内の改装を少し施してオープンさせた。モデルハウスを建築したわけではないので、投資額としてもわずかな金額だった。

受注は好調で、滞りなく工事現場も増えていく。

反面、店舗が増え対応エリアが広がったので広告宣伝費も増え、チラシ広告の配布部数は25万部を超えた。

ここで1つのアイデアにたどり着く。

「1社で広告を入れるより、競合しない他の会社やお店と合同でチラシ広告を制作してコスト削減できないものか？」

いろいろな業種の広告がただ入り混じっているだけのチラシ広告ではお客様に見向きもされない可能性があるので、たどり着いたアイデアは「地域情報誌スタイル」にすることだった。

発行は年4回。広告主が安定するまでは多少のコスト増は止むを得ず、そう判断して一気に走り出す。ちょうど広報担当者として入社してきた旧知の社員も仕事に慣れてきたので、広告主集めや誌面掲載のための取材活動に当たってもらった。

情報誌のタイトルは、そのまま社名を使った。

そこに住宅にまつわる見開きの特集記事を私が執筆し、広報担当者が茨城で頑張る方々の特集記事を取材して作成する。最新映画情報やおすすめ本、県内のイベント情報なども関係各所の了解を得て記事にした。また、プレゼント企画も用意し、広告主と共に協賛店も募った。

総配布部数25万5千部、茨城県内最大の地域情報誌が誕生。

配布は懇意にしていたポスティング会社に全て委託し、新聞を購読していないご家庭にも届くようした。情報誌単独での黒字化は難しいが、将来的にもともと単独で配布していたチラシ広告費用以下になれば成功と考えていた。

反響は上々。

各店舗へのお客様ご来場数は単独チラシ広告配布時と変わらず、プレゼント企画への応募も殺到した。

独自の〝営業力強化研修〟

社長就任実質2期目の年から各店舗スタッフに営業や工事監理を任せ、私自身は広報やコスト管理、人財育成などに力を注ぐことにした。

人財育成と言っても、前職のようにコンサルタント会社を入れて研修を行っても全員に考え方を浸透させるのは難しいことは実体験でわかっており、時間もコストもかかる。

今は、結果にダイレクトに結びつくものが最優先。

そう考えて、毎週月曜日の夜から営業会議兼営業研修を行うようにした。

講師は私。

会議の中で報告のある見込み顧客へのアプローチ方法をアドバイスしつつ、自社の住宅の訴求方法などをしつこいくらいに説明した。

誰でも時間と共に自分に楽なスタイルで営業するようになっていく。そうならないことにプラスして知識と営業トークの幅を広げ、営業力を強化するのが目的だった。

その結果が出ていたのかどうかは不明だが、受注は好調だった。

異業種業界への参入計画

受注は順調だったが、来年も再来年も受注が好調であるかの保証は誰にもできない。潜在顧客発掘・囲い込みのため、情報誌やWEB広告以外の手段がないか模索し始めた。

まず候補に挙がったのは、お弁当の配達業務だ。

現代は高齢化社会、買い物に出かけたり食事の準備をしたりが困難になってくる高齢のご家庭がますます増えてくることが予想できた。

そのようなご家庭へお弁当配達をしながら介護リフォームの提案をする。もしくは高齢のご家庭といえども別に暮らす息子さんや娘さんがいれば、新築の可能性にも広がる。

そのように考えたが、提供した食品で万が一の事故でもあったら……というリスクも考慮し、この案は見送った。

もう1つ浮かんだ案が、本格的に計画に乗り出した保育事業だ。

2012年当時、茨城県水戸市は保育所の数が足りず、待機児童が大勢いた。仮に保育所に預けることができても兄弟で別の保育所に通っていることもあるという話も耳にした。その手助けになりつつ、子育て世代のご家庭への新築のアプローチもしやすくなる。

保育所は大きな規模では考えていなかったのでアプローチできる世帯数はさほど多くはなくとも、経営する保育所に通うご家庭へ新築時の特典を付け、どこの住宅会社よりも真っ先に自社を検討してもらえること、会社とお客様、双方のメリットを訴求できることに着眼点をおいた。

保育事業はＦＣ加盟、運営しながらノウハウを一から勉強することで計画を進めていた。

「住宅総合展示場」への出展計画

大手ハウスメーカーがここまで成長を遂げてきた理由は何かと言われれば、テレビなどの媒体を活用した大々的な広告宣伝と思われがちだ。

しかし、私は総合展示場というモデルハウス展開による相乗効果が大きいと思っている。

ロードサイドに単独でモデルハウスがある住宅会社の営業マンは、「住宅総合展示場に出展すると、億単位のモデルハウス建設費用に毎月の地代家賃が１００万円程度かかり、それらがお客様の建築費に上乗せになっているから価格が高い」と説明するトークを教え込まれる。

実際に出展の際の建築費や運営会社へ支払う費用はそれなりに高いし、地代家賃もかかるが、その地代家賃には運営会社が毎月のようにイベントを企画し、広告を出してお客様の来場を促す費用も含まれている。

ロードサイドのモデルハウスでチラシ広告の費用をかけても集客に苦労しているなら、住宅総合展示場の方が１組当たりの単価を抑えて効率的に集客できる。むしろ集客が増えた分、対応するスタッフの人件費の方を心配すべきだ。

私はこの効率の良さを感じており、しかも住宅総合展示場に出展している他社の品質・仕様に劣らず、価格面での優位性があるとなれば、ハウスメーカーのブランド名に憧れを抱くことのない現実的なお客様には十分訴求でき、増えるであろう人件費以上の成果につながると考えていた。

最大の問題は出展にかかる初期費用だけだった。

この最大の問題点に対し、久しぶりに親会社に資金的な相談をしたところ、大口の出資者がいるので問題ないとの回答。運営会社と何度も打ち合せし、出展区画も決め、契約は親会社に任せ、住宅総合展示場出展計画に本格的に乗り出した。

「感動創造」第3期総会開催

社長就任2年目を終え、会社としては第3期の決算月となる2013年6月を終えた。

受注は1年間で70棟近くになり、それに応じて完工数も大幅な伸びを見せていた。

第4期は100棟を目指すと、営業マンたちも息巻いていた。社長である私が「そこまでやらなくてもよいから……」と制するくらいだった。

そのような各自テンションの高い状態で、第3期を総括した業者会を兼ねた総会を開催した。

社員のほとんどには内緒にしていたが、この総会には「裏テーマ」があり、綿密に広報担当者と話の上手い営業マン1名と打ち合わせをして資料を作り上げていた。

私はこれからの事業計画を練りに練った。その中にはもちろん、保育事業への進出や住宅総合展示場への出展計画なども含まれていた。他県への進出も計画していた。それら発表資料をパワーポイントにまとめ、準備万端。総会当日を迎えた。

総会の裏テーマは「感動創造」。

総会では、映像と音楽の迫力で参加者に感動を与えようという策略だ。

極めつけは優秀社員の表彰。営業と技術系スタッフから優秀社員を1名ずつ選出し、お取引先も含めた出席者全員の前で表彰。そして表彰された本人たちには内緒で撮影していたそれぞれの家族からのお祝いメッセージ動画を披露。

演台に立ち、出席者の方を向く受賞者の背中で突然、家族からのお祝いメッセージ動画が流れる。

家族の支えがあってこその受賞、そしてご家族からは「頑張って成果を出したお父さんを称えて欲しい」という想いから、図々しくもこれらを企画させてもらった。

受賞者にとっては、私がいくら褒め称えたところで効果は一瞬だ。

家族にお祝いしてもらえたことが、どんなに嬉しかったことだろう。

エンドロールには出席してくださったお取引先のお名前を流し、感謝の気持ちを伝えさせてもらって総会は閉幕。

総会の感想を1人1人に伺っておりませんが、ご参加いただいたお取引先様のコメントをFacebookで拝見したので転載させていただきます。

今日はお取引先の総会&懇親会に出席してきました。

総会という名のつく集まりに出るのは正直数えきれないくらい出ましたが、こんなにも温かい総会に出たのは初めてでした。

社長さんのスタッフを大事にしていること、お客様のことを第一に考えていることが目に見えてわかる総会は初めてでした。

見習うところがいっぱいで有意義で楽しい総会でした。

垂れ込める暗雲…

時は総会から少しさかのぼり、社長就任2年目の2012年秋。

親会社のHD社長から1通のメールが届く。

「月末には入金があって返せるから一時的にお金を貸して欲しい」という内容だ。

金額はよく覚えていないが数百万円。困っている時はお互い様ということで会社の預金口座から指定された金額を振り込みした。ところが返してもらえるどころか、翌月からも数回に渡り〝お金を貸して欲しい〟と頼まれるようになった。

水戸店オープン時に資金を用立ててしてもらっているし、何とか協力をと思っていたが、約半年間で貸した金額は数千万円に及んだ。

このままでは自社の経営に支障を来たしかねないと思い、ある時きっぱりと「これ以上は無理です」とお断りを入れた。それ以降は同様のメールは来なくなったが、同時に私の中で1つの覚悟が生まれた。

「私は近い将来、会社を離れることになるだろう」

保育事業は親会社の資金をあてにはしていなかったので問題なかったが、総会で発表したもう1つの総合住宅展示場出展の件は、一向に親会社と展示場運営会社との話し合いが進展しない。

有力な出資者はどこへ行ってしまったのか？

貸してきたお金はどこに使われてしまったのか？

近づく〝運命の日〟

総会以降、お取引先の口利きで栃木県宇都宮市に本社を置く住宅会社の社長さんと会席の場が設けられた。会席の場所は栃木県宇都宮市にある小料理屋さん。

この社長とは今まで会ったことはなかったが、お互い名前だけは知っている間柄。それもそのはず、私が初めて就職した住宅会社が店舗展開する中、群馬県方面に出店した際に責任者として転勤した尊敬するM部長の下でトップセールスだった人だ。私もそれなりの成果を出してきていたので、相手にもそれが伝わっていたのだろう。

その場で何を話したのか詳しくは覚えていないが、協業してお互いの成果につなげようという内容だけは覚えている。その呼びかけに対し、詳しく打ち合せするため、数日後に担当者を水戸まで派遣するということで会席の場はお開きになった。

後日、その日が8月9日に決まった。

そして同時に、
私にとって大きな転機となる〝運命の日〟が近づいていたのだ……。

第Ⅳ章

社長解任、そして復活へ

「社長解任劇」、その後

2013年8月7日、晴天の水曜日。

この日が、本書冒頭の「社長解任劇」につながる。

これで住宅総合展示場への出展計画も保育事業への進出も完全に道を断たれた。発行したばかりの地域情報誌の継続も危うい。

全て本業の住宅事業を活かすために進めてきたことが理解されていないこともわかった。

解任されることの覚悟はできていたので驚きもしなかったし、親会社への貸し付けを断った時点で、1つの会社も準備を進めていた。

社員のみんなには申し訳ないが、気持ちを切り替えて再出発しよう、そう思っていた。

ただ怖いのは社長の連帯保証で契約したものがあることだ。

翌日には、急ぎ私が連帯保証で契約したテナントなどの変更を不動産仲介業者に依頼した。失敗だったのは土浦店だけは自分で連絡せずに人任せにしたことだった……。

また、ＯＡ機器のリース会社は連帯保証人の変更を受けてくれたが、社用車のリース会社からは連帯保証人変更はできないと言われた。納得はできなかったが「無理」と言われたものは仕方がない。支払いが滞らずにリースアップ（リース期間終了）になるのを待つしかなかった。

そんなやり取りをしている内に、残してきた社員から連絡が入り始める。

会社を辞め、私に付いて行きたいという社員が何人も出てきたのだ。

何でも、会社では踏み絵のような個人面談が行われたらしい。

これは本当に困った事態になった。

私１人が新会社で再出発する覚悟はできていたが、いきなり社員数名を雇うほどの資金的な余力はない。しかし私を慕ってくれている社員たちを無下にすることもできない。また、今後どうしたらよいかアドバイスを求めてくる者たちも現れた。

この事態を重く受け止めた私は、１人新会社で再出発することを断念した。

4社目の住宅会社

8月9日夕刻、協業を計画していた宇都宮の住宅会社から担当者が水戸まで打ち合わせにやって来た。場所は、JR水戸駅近くの小料理屋さん。

協業するにも私は社長を解任され、何の権限もなくなっていたので協業の話は取り止め、恥を忍んで事の経緯をお伝えし、辞めたいと言っている社員の雇い入れを申し込みした。

さぞかしビックリしたことだろう。

数日後、担当者から返事をもらい、「私も含めてであれば申し出を受け入れる」と言ってくださった。何名かは栃木の営業所預かり、私と数名は水戸に残り、新営業所の開設準備員となる。

2013年10月。私は住宅会社4社目となるこの会社に社員として就職した。

採用が決まってから就職までの期間、水戸の仮事務所探しに奔走したが、そんなに時間がかかるものでもなく、私は時間を持て余していた。

理由は心配をかけないよう、家族に社長解任の事実を話していなかったからだ。

何事もなかったかのように朝仕事着に着替えて家を出て、事務所探しをしたり、懇意にしていた以前のお取引先に挨拶回りをしたり、それでも時間が余るので小説を何冊も購入して車の中で時間をつぶした。

テレビのドキュメンタリー番組などで観たことのある『突然会社から解雇され、それを家族にも言わず、公園で時間を潰すサラリーマンのような光景』そのものだった。

再就職は決まっていても入社日まで期間があったので、それと同じことを私は経験していたことになる。


入社後は、水戸ショールーム開設の準備に取りかかった。

水戸市内にあるショッピングセンター内の空きテナントを借りることができ、そこにショールームをオープンさせるつもりで、短期間の内に間取りを考えるところから仕入れ交渉など、全て段取りを行った。会社も「進めてください」と言っていたので何の疑いもなかった。

しかし、営業会議に出席して話の全容を聞いていると1つの仮説が浮かんできた。

「自転車操業……」

しかも銀行からの借り入れを当てにして、完工数の前倒し操作を行っている」

事実、水戸ショールームのオープンは一向に進まなかった。

もう我慢できない。

そう思いたって、一緒に付いてきた元社員たちには相談せず、入社から2ヵ月半後には退職を申し出る。

2013年12月、この会社に見切りを付けた。

予想通りに数年後、この住宅会社は営業を停止している。

最後の住宅会社『明日家スタジオ』の本格稼働

さて再出発にあたってだが、以前の〝雇われ社長〟就任時はスタートの資金難で苦労したので、同じような状況をつくりたくなかった。

金融機関からの借入をするという方法もあったが、社長解任後間もなくから、ある給排水設備業者の社長さんが「お金を出すから改めて会社を作ったらよい」と提案してくれていたのを思い出す。


その社長さんは、再出発を気持ちよく応援してくれた。

なぜこのようなことまでしていただけるのかを尋ねると、社長さん曰く、

「私も若くない。会社を引き継いだ時に今の社員たちの仕事がなくならないよう、安心して仕事ができる得意先を増やしておきたい」

と、おっしゃられた。

身銭を切ってまで社員たちの将来のことを考えている姿勢に強く心を打たれた。

この気持ちに応えるためにも失敗はできない。

このお金は必ず返すと（心の中では御恩も返すという気持ちで）約束した。

雇われ社長時代に社員だった若手2名も手伝ってくれることになった。

事務所を探したが、ある程度広いところだとそれなりに家賃が高いわりに古かったり駐車場がなかったり……と条件が合わなかったので、思い切って新築一戸建てのテナントを借りることにした。オフィス什器や備品も買い揃え、社用車やOA機器、建築CADソフト、自分で更新できるブログ型ホームページなどはリースを組ませてもらった。

2014年2月。茨城県水戸市千波町において、前年5月には法人登記を済ませていた、『株式会社明日家《あすか》スタジオ、屋号、建築設計事務所明日家デザイン工房』の本格稼働である。

今回の事業スタートに当たっては1つの想いがあった。

若手2名の育成と将来の道を切り拓いておくこと。

「道を切り拓く」とは、近い将来必ず訪れる世代交代の時期に会社の経営が安定しており、コンスタントに受注を得られる状況をつくり出しておくことだ。

想い届かず、3ヵ月後に1名は離脱することになったが……。

試行錯誤とありがたき支援

事業開始後は、設計事務所として設計・工事監理のみを請け負うつもりで営業を行った。しかし、一戸建ての注文住宅を設計・工事監理と施工を分けて提案することのハードルの高さを、身を持って知ることになる。

設計費分がコストアップになると思われることや、建築雑誌で見るような非現実的な要望が多いことなど、受注につながりにくいと予感させられる場面に幾度も遭遇したからだ。

開業3ヵ月で、施工も請け負う過去慣れ親しんだスタイルに方向転換した。

その間も幾ばくかの売り上げはあったが、受注が安定するまでにはだいぶ資金が削られていくことを予想し、10数年の付き合いになる木材プレカットを行う会社の社長さんに運転資金の借入相談をさせていただいた。再出発を応援してくれていた社長さんは父親である会長にその話を伝え、会長から個人名義でお金を貸していただいた。

これも必ず返すと約束。

注文住宅を自社で請け負うスタイルに変えてからは、毎月の波はあったものの順調に仕事が増えていった。若手1名の退職後すぐに、私より1歳年上のベテラン社員も入社した。

事業開始後まもなく、数年来のお付き合いがあったお取引先の事務所新築や幼馴染からの大きなリフォームの仕事をいただけたことも大いに助かった。

この幼馴染はいつも応援してくれるので、本当にありがたい。

第3期終了と次なる目標

「明日家デザイン工房」オープン翌年の2015年10月、会社設立時に10月を決算月に設定していたので、早々に3期目の決算を終えた。

ちなみに、設立から3期までは全期黒字決算。

給排水設備業者の社長さん、木材プレカット会社の会長さん、それぞれにお借りした運転資金も約束通り返済をさせていただいた。

これら一連の流れには1つの狙いがあった。
銀行からの融資は3期連続黒字の決算書が必要と聞いていたからだ。

このことはメインバンクにも相談し、事前に保証協会の保証を得られやすいようにしておいた方がよいというアドバイスをいただき、運転資金として保証協会付きで500万円、銀行判断で貸付できるプロパーで500万円を期限付きの手形貸しで借入することにした。
当初保証協会は、社長を解任された以前の会社との資金的な癒着を懸念して渋い表情だった。そこで私は面接の際に、「恨みこそあれど、関係は全くない！」と事実を言い切り、その結果、無事保証を得ることができた。

ちなみにこの手形貸しの短期融資、3期目の決算を待たずして借入できたので、融資を受けるのに3期決算を待つ必要はなかったのかもしれないが……。

さらに3期目には懸念していた事態が起こっていた。
見知らぬ弁護士からの訴状が自宅に届く。

解任された会社の社長時代に会社名義で借りたテナントの家賃がしばらく滞っているので、滞った家賃とテナント内備品などの撤去費用を支払え——という内容だ。社長解任の際に社員に委託して自分で連絡を怠った茨城県土浦市のテナントの件で、連帯保証人として私の名前が残ったままだった。

裁判所での裁判に出向いた際、家賃の支払いをしない現社長も出席するはずだったが、理由を付けて欠席。2度目も同じ状況になり裁判が3回目開催という方向性に流れそうだったので、仕事に支障を来たすのが嫌だった私は、早々に「私が払う」と言ってその裁判は終わりにしてもらった。

待ったところで資金のない会社が払えるはずがないと思っていたからだ。

その後まもなくしてこの会社は営業を停止、もう1つ連帯保証人として残っていたリース車の残債も私が支払って、この会社で残っていた連帯債務を終了させた。

前の会社との関りを全て終わりにできたのは、精神的にも時間的にも大きい。

2015年11月初旬。

3期目を終えた報告を兼ねて、業者さんを交えた懇親会をJR水戸駅近くの居酒屋さんで開催。その懇親会の席で、私から1つの宣言をさせていただいた。

「近い将来、自社のモデルハウスなり、ショールームをオープンさせます」

移転先の土地探し

新築一戸建てだった事務所は、家賃もそれなりの金額がした。

何よりも、お客様に「家賃を払い続けるのはもったいないから、その分を住宅ローンに当てて持ち家を」と勧めている側が家賃を払っているのもおかしな話だ。

会社的にも終わることのない毎月の固定経費を払い続けるのであれば、その分を借入の返済に回して自社所有の事務所を持った方が、固定資産税を払い続けても将来が楽になる。

何よりも自社の資産が増えることは対外的な評価にもプラスに働く。

そう考えた私は、暇さえあれば事務所移転用地を探して回った。

年も変わり、2016年2月。

インターネットで事務所移転用地を探していると、売地の新情報が目に留まった。水戸市の外れにはなるが、国道6号線沿いで周辺からのアクセスもよい。周辺相場から見れば価格帯も魅力的だった。

ただ国道と県道の交差する角地だった売地は信号待ちで渋滞が起こりやすい県道側にしか進入口がなく、国道側は車道から一段高い歩道で遮られ、車での進入ができない土地だった。車でスムーズに出入りできる場所でなければお客様から来店を敬遠されることも予想されたので、国道側の出入り口が絶対に必要だった。

幸い、国道を管理する国土交通省からも自費で申請と工事を行えば、「歩道を切り下げて進入口を設けることは可能」との回答をもらえたので、この土地を新事務所移転用地とすることに決定。仲介する不動産会社に購入申し込みをさせていただいた。

2016年3月3日、土地の売買契約締結。

土地は預金で購入できる金額の範囲だったので心配はなかったが、問題は事務所本体と外構などの建設資金だ。

ちなみにこの土地は市街化調整区域内であったが水戸市の条例で指定された用途の建物であれば建築できるエリアに入っており、事務所であれば建築可能、モデルハウスは建築不可。そのためモデルハウス建築は考えず、事務所1択で急ぎ計画をまとめ、準備に時間のかかる開発許可の申請は提携している外部の設計事務所に委託した。

何でもかんでも自社で申請を行おうとして、本来営業活動に当てられる時間が割かれるのを嫌い、開発許可や農地転用などの土地にかかる申請は、設計事務所の自社看板など気にせず、今でも外部に委託している。

問題としている建設資金は大部分を銀行からの借入でと考えていた。

他の建設会社に工事をお願いすれば工事請負契約書が存在し、それを銀行に持ち込めばローン審査は進むが、今回は自社施工。支払先とそれぞれの見積りを求められた資料全てに対応し、建設資金として融資の申し込みも無事終了した。

余談ではあるが、住宅会社の経営者が自宅を建てる際、経営する自社の施工で建築しようとすると、どんなに所得があって、経営状況は良好でも、住宅ローンの取り扱いをしてくれないこともある。

多めに借りて会社の運転資金に流用されることを金融機関は嫌うからだ。

念願の「新事務所」完成

2016年7月1日。購入地の残金を支払い、銀行との建設資金の融資契約を済ませ、同日から土地の造成工事に入った。

同年10月25日には借りていた旧事務所に別れを告げ、完成した新事務所に引越し。定休日を1日挟み、10月27日から新事務所、茨城県水戸市吉沢町での営業スタート。住宅業界に仕事の場を移してから、ちょうど20年目のことだ。

若い時分は社長業などには全く興味のなかった私が、紆余曲折しながら自分の会社を持ち、自社所有の事務所を持つ。実に感慨深い気持ちだったのを、今でも思い出す。

そして、新事務所完成の翌月のこと。

私を社長解任したHD社長の末路がわかった。

飛び込んできたニュースでは、詐欺罪で逮捕される事態に。私は遅れてインターネットで知ったのだが、社員2名は既に知っていた。テレビでもニュースになるほどの事件だったらしい。

後日、私のところにも東京の三田警察署から電話があって事件の概要を知ることになるが、詐欺にあった相手方は一緒に仕事をすることになったと紹介してもらったこともある大手電機会社の元役員というビッグネームだった。


思えば初めて社長を任せてもらった後、銀行に融資の相談に行った際に「玉木さんが全ての株を取得できないか?」と意味深な発言が聞こえてきたり、社長解任後、念のために弁護士に相談に行った時は弁護士がHD社長の名前を既に知っていたり、現在の会社になってから保証協会が前の会社との癒着を疑っていたり、……と、至るところでお金のトラブルを抱えていたのだと思う。

連帯債務者に名を連ねていたカーリースの支払いの督促が届いた時には、ＨＤ社長だった彼の実家にも訪ねてみたが、そこではほとほと困り果てたお母さんが対応してくれた。いろいろな方々が支払いの督促に訪れ、お父さんは鬱状態になってしまったらしい。お母さんにはお金の話を切り出すことができず、連絡が取れたら一報くださいとだけ言ってその場を離れた。

親はいくつになっても、幼い頃の我が子可愛さの思い出と共に生きている。

まさか、自分の子供が大人になってそんなことをするとは思いもよらなかっただろう。

今はどうしているかわからないが、少なくとも親に対して謝罪の言葉を述べていて欲しい……。

明日家デザイン工房杯
茨城県少年サッカー最強チーム決定大会

新事務所移転前から地元ラジオ局・茨城放送さんの提供する番組スポンサーをやらせて

いただいていたご縁もあり、茨城放送さんが主催する少年サッカー大会のメインスポンサーをさせていただく機会があった。

内容としては、過去15回に渡って茨城放送さんが主催していた少年サッカー大会の優勝、準優勝のチームのみを集めて記念トーナメント大会を開くというものだ。

この大会のスポンサー提案に対し、茨城放送さんの担当者が営業部長という立場であることをよいことに、「スポンサーをやってもよいが、明日家デザイン工房の冠で大会を開催して欲しい」と無理強いしてみた。断られるのを覚悟だったのだが、何とこの要求が通ってしまう。

その他にも大会のパンフレット表紙に『ASUKA DESIGN』の名前入りユニフォームを着た少年少女のイラストを入れてもらったり、会場に設置する看板にも名前を入れさせてもらったり、……と、いろいろ要望を呑んでもらった。

大会名はインパクト重視で、

『明日家デザイン工房杯　茨城県少年サッカー最強チーム決定大会』。

会場は、決勝戦当日は鹿島アントラーズの本拠地である茨城県立カシマサッカースタジアムで交渉が進んでいたが、大会日程とスタジアムの予定が合わず、結局、ひたちなか市総合運動公園スポーツ広場という観客席のないグラウンドでの開催となった。

こうして主催はあくまで茨城放送さんだが、協賛企業である明日家デザイン工房があたかも開催したかのように思われる大会が行われた。

この大会のハイライトはＹｏｕＴｕｂｅでも観ることができるので、ご興味があったら是非ご覧ください。

「男気あふれる社長」の話

２０１７年６月、１棟の二世帯住宅のお引渡しを迎えた。

施主は板金工事でお取引いただいている会社の社長さん。

初めて出会ったのは、お引渡しからさかのぼること10年くらい前。私が初めて取締役をさせていただいた会社時代だ。

独立後間もなくだったその板金屋の社長さんは、自社の施工現場を案内しながら熱心に営業をしてくれていた。その時は提案を受け入れることなく終わったが、私が『雇われ社長』を引き受けた会社時代に声をかけたところ、気持ちよく屋根や雨樋などの板金工事を引き受けてくださった。

それに自宅の新築の依頼と、ご実弟宅の新築まで紹介してくださった。

私が社長解任されるまでの間にご実弟宅は完成、しかし社長さん宅は工事が始まる前だった……。

社長解任後の挨拶回りの際、こんな言葉をいただいた。

「少しくらい出資しても良いから、自分で会社を始めたらどうですか?」

自宅の新築を頓挫させ、本来ならお叱りを受けても致し方ないところ、社長さんは私を応援する姿勢を崩さなかった。

「なんで、そんな事まで考えてくれるの？」と聞き返したところ、
「玉木さんは、何か他の社長と違うんだよな〜」と言ってくれた。

意味はすぐにわかった。

私もこれまでの社歴や短いながらもコンサルタント時代の経験を経て、何人かの経営層の方々と接する機会があり、独特の個性を持った人たちが多いことを知っていた。十分、私も個性的だとは思うが、仕事の振り方が他の経営者の方々とは違うと思っているし、「職人ファースト」の気持ちも常に持ち続けていた。

その想いや言動が、板金工事会社の社長さんには伝わっていたようだ。

さらには私が社長解任されたことを気に入らないとし、自分の仕事がなくなる可能性があるのに、ＨＤ社長に文句を言いに行ってくれたらしい。

明日家デザイン工房になってからも引き続き板金工事を依頼した。

そしてついに念願叶い、社長さん宅が完成、その後も若い社員に建築を推薦してくれている。

本人には言っていないが……この板金工事会社の社長さん。

私は心の中で「男気社長」と呼んでいる。

経営スリム化、無借金経営へ

２０１９年になって、明日家デザイン工房開業時にリース契約を結んでいたものが続々とリース契約満了を迎えていた。

社用車、複合機やパソコンなどのＯＡ機器、ブログ型のホームページなどは全てリース契約満了と同時かそれ以前に現金購入して入れ替えし、リース債務をなくしていった。

唯一、建築ＣＡＤソフトは再リースをお願いしたが、それ以前に新しい建築ＣＡＤソフトを現金購入し活用していたので、万が一使い勝手が以前のＣＡＤソフトの方がよいと社員に言われた場合の保険の意味での再リースだった。

資産が増えるのを嫌い、リースを好む経営者もいるようだが、私は反対派。リースにすると毎月の固定費が増えるのに加えて、私の連帯保証が必要になる。連帯保証人をやったことで苦い思いをした経験があるので、極力避けたかった。

唯一残した建築ＣＡＤソフトも今ではリース契約を解約している。


また２０１９年3月にはホームページをリニューアル。

同月、１００万円だった資本金を1千万円に増資した。

増資の目的は投資が必要になったわけではなくて、単純に世間体。それと1株当たりの額面を下げることも狙いとしてあった。今すぐ持ち株を手放すわけではないにしろ、１株あたりの額面が高すぎると、将来、誰か個人に会社を継承するにしても買ってもらうこと自体が困難になると考えたからだ。


さらに、翌２０２０年4月1日には新事務所の建設資金として銀行から借りていた融資を全額繰上げ返済した。それ以前に借りていた返済期限付きの手形貸付けも２０１８年には返し終わっていたので、この時点で借入が一切なくなった。

リースも都度現金払いしている玄関とトイレのマット以外なくなったので、実質的に連帯保証人の役割も終えた。

無借金経営の始まりである。

新たなる恐怖…

新事務所の建設資金融資を銀行に返済申し入れした後、全世界の状況が一変した。「新型コロナウィルス」の流行である。

不要不急の外出自粛要請により、新規来場者も極端に減った。さらには海外のロックダウン政策により、部品の安定供給が断たれ、一部の住宅設備機器で納期遅延が出始めた。

幸い、私たちの会社では早めに建材や設備機器を発注していたので自社物件でのお引渡し遅れはなかったが、新規来場者が減ったことで受注の方で打撃を受けることになる。

そう思っていた。

ところが一時的な落ち込みはあったものの、夏前から来場者は戻り、それ以降の受注は順調、売上高においては２０２０年10月期の決算は過去最高の年になった。

2021年に入ると春頃から木材価格が高騰しそうとの情報が出始めた。

その話を聞いた時は数%価格が上がるくらいなら利益が多少削れることになっても致し方ない、少し頑張れば大勢に影響はないと軽く考えていた。

事実、その年の夏くらいまで「木材価格が結構上がってきたなぁ」と思っていても、事前に聞いていたことだから仕方がないくらいに捉えていた。


しかし、夏以降になって木材価格は急激な高騰を始める。

少し前までは2千円台前半／本だった集成材の柱は6千円／本近くまで価格が跳ね上がり、1㎥あたり7万円前後だった梁などの横架材に使用していた集成材は18万円まで高騰した。その他の木材も全て高値に推移。

影響は木材に留まらず、その他コンクリートや鉄やアルミなどの金属類、石油を原料としている塩化ビニール製品や樹脂製品などにも波及。

2022年に入ってからは東欧の戦争が引き金となり、合板類も高騰してきた。

それらに加えて半導体不足による照明器具など電気設備機器の納期遅延。

それまでは仕入材の購入価格の心配をすることはなく、手配漏れでもしていない限り希望日に機器類が届かないことなどなかった。

とにかく、建設・建築業界の状況は一変した……。

仕入れ価格の大幅高騰は、販売価格に転嫁せざるを得ない。

職人さんへの支払いは従前と変わっていないにもかかわらず、お客様には大変残念な話だが販売価格は10％以上アップ、本当に仕入れ価格が上がった分だけを上乗せさせていただいている。

当社の取引先ではないが、噂によると今回の値上げ騒動で1年分の利益を半年で稼ぎ出したと、満足げに話す納入業者もいるらしい。

値上げをすれば製造元か販売元の誰かしらにお金が多く残ることは想像できるが、過度に便乗値上げして自社の儲けを喜んでいるような納入業者はこの世から無くなって欲しいと思う。

最終的にそのお金は、消費者であるお客様への負担増になっているのだから。

「入出金管理」で見える近未来

社長としての最大の責任は、会社の存続だと考えている。

そのために社長業を引き受けた前職でも今の会社でも「入出金管理表」を作成し、徹底した入出金管理を実行している。

内容としては毎月の固定経費がいつ、誰に、どんな内容で支払われるのかをリストにし、受注がある都度、入金予定日と金額、それに工事内容を踏まえて、いつ、どこにいくらの発注代金が支払われるのかの概算金額を予測し追加していく。

そしてお客様との打ち合わせが終われば、できるだけ工事着工までには全工種の発注代金を確定させ、概算だった発注代金に上書きして更新していく。

これで、毎月の入出金額がおよそ確定する。

並行して実行予算書を作成し、これから工事着工する現場の粗利益がどのくらいになるかを把握できるようにしておく。

入出金管理表で預金額増減を把握し、数ヵ月先に現金がいくらあるか、万が一この先受注がなくなった場合に何年先まで会社が存続できるかを確認でき、実行予算書では決算書上の粗利益を予測し、来年の納税額がいくらくらいになるかも入出金管理表に落とし込める。

ちなみに入出金管理表は、2年以上先まで見えるようにしている。

大きな負債を抱えて倒産する会社は、未来を予測した入出金管理が甘いとしか言いようがない。

経営状態が危ういと思うのであれば、債権者や債権額が多くなって多大な迷惑をかける前に、自分の人生が取り戻せるうちに、会社を清算する方が望ましいと思う。

第V章

大切な人たちの〝想い〟を守るため

神には祈らない

私が20代後半から購読を続ける世界的な大人気漫画『ONE PIECE』の中で、主人公の海賊団クルーの1人である剣士が、こう言い放つ。

「おれは一生、神には祈らねェ！」

私はプライベートでは家族や親族の手前、初詣にも行くし、年齢によって行われるお宮参りにも子供たちを連れて行く。家族の健康は私1人で守ることはできないし、家族に訪れる突然の災難が外的要因だった場合、私では守れないこともある。これらはそうならないように祈るしかない。

しかし、仕事は別だ。

今の会社を設立してから、事業の成功を祈念しての初詣も行ったこともなければ、新事務所建築時には地鎮祭も執り行わなかった。

同じ剣士の台詞がある。

「災難ってモンはたたみかけるのが世の常だ。

言い訳したらどなたか助けてくれんのか？

死んだらオレはただそこまでの男……」

神頼みして窮地に立った時、誰かが助けてくれるのであれば努力を要しない。

実際、毎月のように日本のどこかで倒産していく企業が全て神頼みをしなかったわけではないはず。結局、困難は自分たちの力で乗り切るしかないし、困る前に手を差し伸べてくれる環境づくりへの努力を惜しまない方が大切だ。

それでもダメだったら、「自分はそこまでの男」。

そう覚悟し、自らのポリシーが揺らぐような行動は一切しない。

お客様の自宅建築の場合、工事着手前に執り行う地鎮祭は、さすがにお客様ご家族の思い出になるので実施をお勧めしているが、地鎮祭をやるかやらないかで迷っているお客様には、「完成する建物は私たち次第。地鎮祭をやってもやらなくても同じ家が完成します」と話すことがある。

上棟式も同じ。お客様が強く式を希望する場合を除き、「上棟式をやってもやらなくても同じ家ができます。そういうところにあまりお金をかけないで、家具とか家電にお金を使ってください」と伝える。

新しい店舗や事務所を建築する際に地鎮祭実施を迷われているお客様には、「結局、商売が上手くいくかどうかは自分の腕次第です」と自分の経験を交えて話している。


とにかく、建築において神様が何かをしてくださるわけでない。

何かをするのは私たち、つまり私たちの腕次第ということをご理解いただければと思う。


参考までに今回ご紹介した『ＯＮＥ ＰＩＥＣＥ』ではストーリーの面白さはもちろんのこと、少年漫画でありながら至るところに名台詞が登場するので、読んでいる方は今１度、まだ読んでいない方もメモを取りながら読み進めていただきたいと思う。

ファンの方には「釈迦に説法」かもしれないが……。

〝ユーモア〟のある営業を心がけて

初めて取締役を任せていただいた会社時代のこと。

コンサルタントによる社員研修を受けていた際、売れる営業マンの条件の1つに、〝ユーモア〟が含まれていた。

それ以前から特に意識していたわけではないが、私はお客様との商談や打ち合わせの際に、時折〝お客様イジリ〟をする。もちろん、馬鹿にしたような言い方はしないように心がけているし、度が過ぎないようにしている。その上での話。

例えば、30代半ば頃に言ったことを今でも覚えているが、展示場でお客様との打ち合わせ時にたまたま爆音を上げて走り過ぎていく〝改造バイクの走り屋〟のお兄様方がいた。

1度目はお客様と顔を見合わせながら爆音についてはスルーして聞こえなくなるのを待ったが、偶然にも同じお客様との次の打ち合わせ時にも同じような爆音が聞こえたので、「ダメですよ、毎回連れてきちゃ……」といった程度の軽いイジリだ。

最近では若い20代のご夫妻とのご商談の際、ご主人の腕にアザらしいものあったので「腕どうされました？」と言った後、奥さんの方に向かって「アレ、もしかして……？」と言って、あたかも奥さんが手を出したという軽い雰囲気をつくって、「違いますよぉ！」という反応で笑いを誘ってみた。

今でも営業の窓口に立っているが、なるべく真面目な商談や打ち合わせの中にも笑いのポイントを入れるようにしてお客様に楽しんでもらいつつ、自分自身も楽しむ。結局、こういう本筋とは違うちょっとした脱線がお客様との距離を縮めているのだと思う。自分の家庭を例えにした客観的な参考意見も打ち合わせに取り入れていることは、家族には内緒だが……。

なお、プライベートで初めて会う人に対しては、未だ極度の人見知りぶりが健在だが、仕事においては、「建物を建てる、改修する」という共通話題があるので、それを感じさせてはいないと思う。

〝次回のアポ取り〟より〝充実した商談〟を優先

30代の頃は営業の最前線で働くのは45歳くらいまでで、それ以降は管理職で営業をサポートする立場が最善と考えていた。そう思っていたのには理由がある。ご来場されるお客様とのジェネレーションギャップを懸念してのことだ。

どうしても住宅会社として家づくりを進めていく上で欠かせないのは、お客様と営業マンとの人間関係。メインの家づくりに対する打ち合わせを卒なくこなすことはもちろんのこと、世間話を楽しむことやお客様からの話しやすさも求められてくる。

お客様が遠慮して、自分の言いたいことを言えないような関係性は望ましくない。

そのような関係性では、お客様にとって理想的な家ができるはずがない。

もし立場が変わり、私が30歳くらいで家づくりを考えているとした場合、伺った先の住宅会社の営業マンが一回り以上年上の超ベテランで、話題が合わない、噛み合わない、価値観が異なる……と思ったらその住宅会社は敬遠するかもしれない。

つまり、お客様の話しやすさや親しみやすさを考慮してそのように考えていた。

それにも関わらず50代になった現在も営業の最前線に立ち続けている。人員の問題が1番大きいが、仕事を卒なくまとめるには私の知識や経験がどうしても必要と考えているからだ。

ただし、商談の場では必ず営業と設計を兼任している若いスタッフを隣に座らせる。若いスタッフの知識や営業力向上の意味合いが強いが、それと同等に若いスタッフを同席させ、事務的な手続きやお客様への連絡を取り合わせることで、お客様と若いスタッフの関係性ができあがる。ご契約の際には若手スタッフを営業の窓口（担当者）として紹介する。

考え過ぎかもしれないが、若手を窓口に立てることでお客様の話しにくさを解消し、気軽に相談しやすい環境を整えているつもりでいる。

さらに2名が商談の場で話を聞いているので、担当者とお客様との間で起こる「言った、言わない」という有りがちな問題もほぼなくなるのだ。

また2名体制での商談や打ち合わせの際、若手スタッフには基本的に建築CADソフトの入ったパソコンを手元に置かせる。それを打ち合わせ席にある大型のモニターに接続しパソコンの画面を映し出す。

間取りや外観形状に変更があった場合はその場で修正してお客様に確認したり、建築地周辺の状況を写真で確認してご説明したり、お客様がインターネットで見つけた画像をもとにお客様と一緒に商品検索を行ったり、建築地購入を考えているお客様には不動産会社のホームページや不動産専門のポータルサイトを一緒に見ながら建築地探しのお手伝いをしたり……と、フルにパソコンと大型モニターを活用している。

これによって大幅な時間短縮が行われる。

極めつけは、初回の間取り作成スピード。

建築地の資料をお持ちで、おおむね建てたい建物の部屋構成が決まっているお客様がご来店された初回の商談時は、可能な限りその場で建築CADを使用して初回提案の間取りを作成、印刷し、お土産としてお持ち帰りいただく。

間取りが頭の中ですぐにイメージできない場合は、若手スタッフが自社ショールームの案内をしている20～30分程度の時間、デスクに向かって方眼紙に手描きで間取りを描き上げ、「手描きですいません」とお伝えしながら、コピーをお土産としてお持ち帰りいただく。

お客様としても、何かしら材料があった方が早めに検討しやすいはずだ。

次回のアポイントを取得しやすくするため、いろいろな情報を小出しにする住宅会社や営業マンも多いとは思うが、私は次回アポイントのことなどほとんど気にしない。

いかにその場の打ち合わせ内容が充実しているか、お客様に有益な情報を提供できてご満足いただけるかを優先している。

「初回接客手法」公開します

お客様が初めてご来店された初回接客は非常に大切なプロセスとなる。

この初回接客こそ重要、と教え込まれている住宅会社の営業マンも少なくないだろう。

私たちももちろん、初回接客を重要視している。

ただ、初回接客の方法は多くの住宅会社と異なるかもしれない。

ここでは、初回来店時のお客様の計画段階により、異なった接客をしている内容を公開しようと思う。

まず、建築地が決まっていて建物のおよその大きさや間取りの要望が決まっている場合は前項でお伝えしたが、予算をご心配されている場合や建築地探しをされるお客様には資金計画の話からお伝えする。

具体的には、お客様の支払い可能額から総予算を想定し、概算資金計画書に基づいて建物以外の工事費や申請費、登記費用や役所への預託金、借入する場合などの住宅ローン諸費用、家具や家電品の購入費、エクステリア工事費用、土地を購入される場合は土地代金とそれに付随してかかる仲介手数料や所有権移転登記費用など、〝何にいくらかかるか〟を説明していく。

初めて家づくりを思い立ったお客様は、土地代と建物本体代金のみでマイホームが手に入ると思っていることが多い。それらの誤解を紐解いて解説していくわけだ。

ほとんどのお客様は「こんなにかかるの?」と思われる。

支払い可能額から総予算を想定しているので、建物以外の工事費や諸費用、土地代などを先に計算していくと、建物の工事費が実現不可能な低予算になる場合もある。その場合は土地代の見直し、時には購入希望エリアの変更を促すか、総予算を実現可能なところまで上げるかを一緒になって考える。

予算がどうしても合わない場合は、自社メリットは全くなくなるが、他社での建売住宅や中古住宅の検討を勧めることもある。

次に予算がある程度まで見込めて、建てたい家の性能や設備仕様などのイメージは固まっているが、間取りのイメージが定まっていない場合。

この場合は、自社にも標準仕様を設けているが説明は最後で、どういった性能や設備仕様を採り入れたいかのヒアリングから始まることが多い。ヒアリング過程でデメリットがありそうな場合はそのことにも触れておく。そして、最後にパンフレットをお渡しする際に「標準仕様は決めているが基準がないと見積作成に時間がかかるので、時間短縮のために基準となる標準仕様を決めている」とだけお伝えする。

あくまで性能面や設備仕様、間取りに関してもフレキシブルに対応できるスタンスであることを強調しておくことが重要。実際にはいろいろな設備仕様や断熱仕様が変更して選べるのに、「標準仕様が気に入らないからあの会社は止めた」とお客様に思われないように予防線を張っているのだ。

お客様に対してこれら数パターンに絞って初回接客ができているのにも理由がある。自慢することではないが、自社の事務所兼ショールームは気軽に立ち寄りにくい。ロードサイドの単独店舗ということもあって車で来店すれば事務所から丸見えだし、モデルハウスもないし、2階がショールームになっていることを看板にも出していないし、表からショールームを見えるようにもしていない、

全くの事務所らしい建物だ。

完成現場見学会も一切行っていない。

集客はホームページやSNS（ソーシャルネットワーキングサービス）、ポスティング会社に委託しているチラシ広告、それと口コミなどのご紹介だけにしている。

それが功を奏してか、来店されるお客様のほとんどは、家づくりに対して前向きで具体性がある。モデルハウスを案内して徐々にスロットルを上げていくスタイルも経験したこ

とがあるが、今のスタイルの方が人見知りの私には合っているように感じる。

とはいえ。

未だに、初めてお会いするお客様には名刺をお渡しして会話が始まるまでは緊張するわけだが……。

「品質」へのこだわり

30代半ばの頃、現場から苦情の声が届いた。

柱の外面が揃ってなくて、外周の耐震パネルを貼った際にわずかながら波打って見えるというのだ。

聞いた時点では柱や梁などの構造材を工場でプレカットする会社の加工精度の問題かと思い、プレカット会社に現場確認をお願いした。その後返ってきた回答がこうだ。

「プレカットの精度は問題なく、柱のサイズが2～3㎜小さい」

柱断面サイズのことだが、当時は建物外周の角に入る隅柱《すみばしら》は断面が120㎜角の集成材、その途中に入る管柱《くだばしら》断面は105㎜角の集成材を指定して頼んでいた。それが数㎜小さく、その理由は、「規定サイズの柱に対し、表面が平滑になるように削っているので、どうしても小さくなってしまう」とのことだった。

プレカット会社からすれば工場での加工自体には問題なく、材料がそういうものだから今回の件は「何の落ち度もない」と言わんとしていたと思う。

「木材だから湿度条件や乾燥具合によって、多少の誤差があるのはわかる。でも私たちが頼んでいるのは120㎜角と105㎜角の柱、117㎜や102㎜角の柱を頼んでいるのでない」

これは私の発言だ。

何とかその場を切り抜けたいプレカット会社の担当者。

何としてもミスを認めさせたい私。

2人の話し合いは堂々巡りだったが、最終的に涙を浮かべながら担当者がミスを認めたので、今後同じような考え方で材料を納品しないことを約束させ、打ち合わせは終了した。

明日家デザイン工房になってからも、他のプレカット会社からの営業を一切断り、このプレカット会社に木材とそのプレカット加工をお願いしている。

今では20年近いお付き合い。

品質の重要性を真摯に受け止め、涙ながらの打ち合わせを終えた以降は、検品を怠らずに既定サイズの材料を使用するようになり、一定の品質を維持しているので安心して頼めるようになったからだ。

しかも、明日家デザイン工房を開業したばかりの頃には、図々しくも私から運転資金の借入をお願いしたほどの間柄。

当時の担当者は世代交代で社長となり、社長から会長となった親父さんは2021年に他界された。


今となっては親父さんに感謝の言葉を直接伝えることはできないが、気持ちを墓前に添えてもらおうと思い、感謝の言葉を記したクリスタルのトロフィーを息子さん（現社長）にお渡しした。

これからもよろしくお願いします。

『職人ファースト』という概念

メディアを通して某都知事が『〇〇ファースト』という言葉を広めてくれたので、『職人ファースト』と聞けば、何となく言葉の意味が伝わると思う。

この言葉、先の項目でも少し登場したが、ここでもう少し詳しく述べておく。

昔は建築主の依頼を受けて現場を切り盛りする棟梁と呼ばれる大工の親方がいて、他業種の職人を従えて1棟の家づくりをしていた。

それがハウスメーカーの台頭により住宅会社が乱立、営業と施工が徐々に分離され、住宅会社は元請け、そこから仕事をもらう職人は下請けと呼ばれるように変化してきた。

そういった構造に変化してきてからか、「元請けが仕事を取ってくるから下請けは飯が食えるんだ」みたいな風潮が生まれてきた。

事実、明らかに年上の職人に対して声を荒げて意見する工事監督がいたり、その工事監督に対しても不具合があると自分の取ってきた仕事に「なんてケチをつけてくれるんだ」と声を荒げる営業マンがいたり、一緒になって声を荒げる経営者や管理職がいたりする。それが原因で工事監督は職人に感情的に接する。

……負の連鎖が止まらない。

「工事監理」とは本来、職人にキツク当たるのが仕事ではなく、お客様に喜んでもらう建物を造ることが仕事だ。そのためには、職人に気持ち良く仕事をしてもらった方がよいに決まっている。

反面、このような風潮をつくり出した背景には「職人側にも責任がある」と思う節もある。

これは30代後半の頃だったと記憶しているが、会社で開催した業者会議終了後に、職人の皆さんが親睦会と称した飲み会に会社の人間を招待しようとしたのだ。

皆、仕事が残っていたので管理職だった私だけが参加させていただいたが、「どうぞ、どうぞ」と気持ち悪いくらい酒やカラオケを勧めてくる。話題も私をおだてるような会話がほとんど。あまりの気持ち悪さに飲み代を無理やり預けてその場は終わりにしたが、いくら自分の仕事のためとは言え、このようなに持てはやされたら「自分が偉い立場にいる」と勘違いする会社側の人間も出てくるのは致し方ない。

本題に戻るが、私たちが仕事を取ってくるから職人たちも飯が食えているというのは1つの事実だとしても、別に私たちが仕事を取らなくても他社から仕事をもらえば職人たちは飯が食えるし、何よりも、職人たちがいないと「私たちが飯を食えない」。

私は、この考え方を大切にしている。

私たちには「良い職人」がいるから、安心してお客様からのお仕事を受けることができる。良い職人とは工事が始まる度に代わる代わる急遽募集された職人ではなく、今までもこれからもずっと協力的に仕事をしてくださる職人たちだ。

関係も私たちと職人たちは対等。

『お客様第一』を掲げる企業姿勢も大切だ。

しかし、あえて順位をつけるのであれば、私は『職人第一』と言いたい。

このように『職人ファースト』を掲げるのは、住宅業界では異例かもしれない。

多くの住宅会社では「元請け」「下請け」の言葉を普通に使い、それに疑問も持たずに仕事をしている。

私は、「下請け」という言葉が好きではない。ましてや「孫請け」など失礼だと思う。職人さんたちの協力があってこそ初めて家づくりは成立するので、私は「協力会社」と呼んでいる。

前に取締役をしていた会社では、私は職人さんたちを「パートナー」という言葉で呼んでいたが、全然浸透しなかった。社員たちからすれば〝そんなの関係ない〟〝上下関係を作った方が管理しやすい〟〝何かあれば責任を負わせやすい〟……という意識だったのだろう。

『職人ファースト』を主張している会社は異例と言ったが、心の中では同じように思っている人もいるはずだ。それが業界の常識になれば、もっともっと若い世代の職人が増えてくるだろう。

事実、明日家デザイン工房開業時からほとんどの工種で職人を変えていないし、これからも職人が廃業でもしない限り、頼み続けると思う。

良い職人たちで組織されて進める家づくりは、結果的に大きな『顧客満足』につながるのだから。

家とは、「箱づくり」

SNSなどで〝映え〟が最優先される風潮もあり、何事においても写真、つまりは〝見た目〟が先走りしている。

家づくりにも、その弊害が出ている。家に求めているものとして「こんな外装、内装にしてほしい」と、装飾重視で注文されるお客様が増えている。

それはもちろん可能なのだが、私は常々、優先すべきは「箱」の大きさや数が大切——とお伝えしている。家族が住むための家なのだから、家族数を考慮して予算が許す限り必要な部屋数や広さ、収納を用意し、余裕があればそれから〝映える〟装飾を考えていくべきだと思う。

装飾の部分は後からいくらでも変えられるが、箱（家の大きさ、間取りなど）に関しては、住んでから簡単に変更できるものではないからだ。

後からでは変更できない部分に、まず予算を振ることを考えてほしい。これが大前提。

基本的に家は鑑賞するためのものではない。

デザインなどを優先して、部屋数や広さを削るなどといったこだわりは、本末転倒だと思う。

また、食器洗い乾燥機やＩＨクッキングヒーター、レンジフード、エアコン……などの電気設備には、多くの方が高い物を入れたがる。そのような場合には「いつか必ず壊れることを想定してお選びください」とお伝えする。

メーカー保証はほとんどが1年。いつ壊れるかは運不運もあるのだが、すぐに壊れるとがっかりするし、またお金をかけなければならない。

一例として、私の実家のキッチンには電動ダウンウォールが付いており、食器乾燥器が吊戸棚の位置から電動で下りてくるが、ある日、基盤の故障で全く動かなくなってしまい、メーカーに修理依頼すると数万円かかった。

実家のキッチンは2010年頃にリフォームして入れ替えたと記憶しているが、すでに食器乾燥機は2度ほど修理を依頼している。

せっかくお金をかけて高い物を入れたのに、またお金がかかる……、電気設備には、そういうことが必ず起こり得るということを想定していた方がよい。

反面、手動で開閉使用できる食器洗い乾燥機については違った意見を持っており、キッチン本体のビルトインタイプは非常によいと思っている。市販の据置型食器洗い乾燥機や食器乾燥機がキッチンスペースに置かれていると場所を取られてしまうが、ビルトインされていれば場所を取らない。

食器洗いは手で行いたい派の家庭でも、水切りや乾燥機として使うこともできる。食器を収納するスペースとしてだけ考えても、キッチンがスッキリするだろう。それでも、いつかは壊れるものだから、あまり高いものはお勧めしない。

ある家庭では奥さんは食器を絶対に手で洗わないと気が済まない。

しかも30分以上かけて丁寧に洗う。当然、その間は水の音が響く。

LDKで夫がテレビを観ていても、食器を洗う音が邪魔してテレビの音が聞こえにくい。

夫は頭の中でこう思う。

「こんなに奥さんが食器洗いに時間をかけると知っていたら、リビングとダイニングキッチンを壁で分ける間取りにすべきだったかも……」

家に求められることは、それぞれの家庭によって違う。

間取りという箱の組み合わせは、それぞれの家庭の事情に合わせて考えていくべきだ。

それまではアパートの間取りに合わせて生活していたが、マイホームを持つことになると、家族1人1人が今まで実現できなかった生活スタイルを送りたいと考えるようになる。

前述の奥さんの食器洗いはもとより、収納や洗濯物の量などもそうで、例え夫婦でも〝お互いの性分〟を十分把握しているとは限らない。

それらを把握するため、私は対面の打合せにおいて、要望をしっかり確認する。

微妙なニュアンスというのは、メールやオンラインでは把握しにくい。例えば、「奥さんの要望にご主人は納得しているのか？」。それをご主人の顔色を見て判断する。少しでも怪訝な表情を察すると「（ご要望に対して）それで大丈夫ですか？」と質問してみる。

それゆえ〝対面でのやり取り〟が、大切だと思っている。

そういったやり取りをお客様と行った上で、具体的な図面を描いてお持ち帰りいただく。この際に「あと1、2案考えてほしい」というお客様もいるが、お断りしている。心がけとして、私は常にベストな間取りを考えている。ベストが複数あるのはおかしい。そのような理由から、複数の間取りを考えることをお断りし、常にベストと思われる間取りを元に、お客様からの更なるご意見・ご要望を加えて改善し、それぞれのご家庭に合わせた、よりベストな間取りを仕上げていく。

なお、奥さんの食器洗い時間の長さを気にしている夫が私であることは、ここだけの話……（笑）。

「標準仕様」選定基準のお話

基本となる仕様が決まっていた方が見積りをスピーディに行えるため、明日家デザイン工房では建物本体価格算出に必要な標準仕様を決めている。その標準仕様だけでも十分に家が完成し、生活に不便を感じさせることはない。

さらに標準仕様は、なるべくメンテナンスコストがかからないような選択もしている。

例えば、屋根や外壁などの外装材であれば色褪せがしにくいものを選ぶ、住んでからの防蟻処理が不要となる材料を選ぶ……などなど。

お客様にとってもメンテナンスが少ない方が喜ばしいことだし、私たちもメンテナンスになるべく時間を割きたくない。

もちろん、メンテナンスが必要な場合はキチンと対応させていただくし、建物を長持ちさせるためにはメンテナンスは必要不可欠。ただ想いとしては、出来る限りメンテナンスなしでもお客様に〝安心して長く住んでいただける家づくり〟を提供したいと思っている。

定期点検は、自社の担当者の仕事量や都合に左右されないよう、外部の点検会社に有償で委託している。そこで、定期点検を半年、1年、2年、5年、10年と行う。そういう定期点検は行うが、実際にメンテナンスが少ないのも弊社の特徴。

標準仕様を決める際、根底に「メンテナンス不要な家づくり」が存在しているからである。

反面、住宅会社によっては、メンテナンスを行うことが定期的な収入につながる——と考えているところも見受けられる。特に大手住宅会社に多い。

メンテナンス専門の部署があって、定期点検を兼ねてお邪魔し、ココとココを直した方がいい……と提案して、メンテナンスという名のリフォーム工事を受注していく。

お客様にすれば長期の住宅ローンを組んで返済している途中に、新たに数十万円、あるいは数百万円単位の出費が発生する。結構な負担だ。

私はそのようなお客様のコスト負担を軽減させたいので、建築時の打ち合わせ段階でメンテナンスコストがかからないものを推奨するようにしている。

それが、明日家デザイン工房の仕様選定の考え方。

メンテナンスを推奨する住宅会社は、お客様を売り上げの見込める〝生涯顧客〟として付き合いたいと考えている。

しかし、私の考えは違う。

お客様は、気軽に立ち寄れる、いつまでも良い関係の〝生涯顧客〟として付き合っていきたい。

「座右の銘」と「ヒーローの名台詞」

私には、座右の銘のようにしている言葉がある。

『物事にはすべて理由《わけ》がある』

言われている内容そのままで理解するのではなく、相手は何か理由があって言っている。

M部長の「図面を描くな！」のくだりで、私はその言葉の裏にある真意を想像したことを書いたが、これと同じ。

例えば、親は子供が肘をついて食事をしているのを見かけると、「肘をつくな！」と言う。外で行儀の悪い食事作法をするとその子本人が恥をかくからで、親心で言っているのだが、親はそこまで語らずに、ただ「肘をつくな」とだけ言う。

言葉の裏には理由がある。額面通りに受け取らずに真意を想像することが大切だ。

これは言葉に限らず、目の前で起こっている物事に対して、表面だけを捉えてはならない。その裏に存在している真意、つまり理由を考えよう――と、常々思っている。


それを考えられるか否かで、人との接し方や生き方も変わってくるはずだ。


さらにもう1つ。

『想いは手法の上流にあり』

これは以前、経営コンサルタントの先生に教えてもらった言葉だ。

仕事を始めとして、やり方（手法）をいろいろと考える以前に「最終的にこうしたい」

というゴール（目的）への〝想い〟を明確にすること。

想いなくして、手法は生まれない。

想いがあれば、手法をいろいろと考えることができる。

逆に言えば、無理だと思ってしまえば無理になり、それ以降、手法は何も生まれない。

よく耳にする言葉だが「できない理由を考えるより、どうやったらできるかを考える」ということに相通じる部分もある。

諦めたら、そこで終わり。


まさに大人気バスケット漫画『スラムダンク』で顧問の先生が言った名台詞、

「あきらめたら、そこで試合終了ですよ」

この言葉に集約される。


例えば、過去に建築許可が下りないと担当者及び審査機関が判断した案件があった。

そこは都市計画区域内で、建築地が道路に接していれば建築可能なエリア。しかし現実には建築地と道路の間には、水路と法定外道路（建築基準法上は道路として扱われない）があり、建築許可を出せないというのだ。

この建築地には、都市計画法施行以前から代々受け継がれてきたお客様の両親と祖母が住む母屋も建っており、なおかつ、現状の法定外道路や水路、周辺の農地は、土地改良により母屋建築以降に整備・区画されたもの。それならば土地改良時に母屋の建つ敷地が道路に接するよう区画してあげればよかったはず。今回の建築許可が下りないということは、つまり、母屋も再建築できないということになる。

それらを想像して、あまりの理不尽さに火が付いた。

その話を聞いた翌日がちょうど会社の定休日で自由に動けるので、定休日を利用して朝から審査機関、その地域の建築を管轄する県の行政機関、道路や水路を管理する市の行政機関などに何度も行き来しては特例として許可が下りる方法を見つけ、翌日には無事建築許可を得ることができた。これで今回の新築に限らず、将来の母屋再建築も可能となった。

諦めなかったから結果に結びついた一例である。

最近でも、こんなことがあった。

音楽教室の建築を計画中のお客様より、防音の観点から「窓がない教室を作りたい」とのご要望。

しかし、担当した社員に固定概念があったからか、民間の審査機関に足を運んでも「窓が必要」との結論を出した案件があった。

原則、木造の建物の場合、人が長い時間いる部屋には窓を設け、部屋の広さに応じた採光、換気、排煙などの基準をクリアしなくてはならない。

お客様が先に相談していた他の設計事務所では窓がない教室を造るつもりで計画していた経緯もあったが、私は担当者の意見を尊重し、窓を付ける計画に切り替えて考えるつもりだった。しかし、お客様はどうしても窓のない防音室を造りたい。

今度は自ら民間の審査機関に相談に足を運び、耐火や換気、排煙などの一定基準をクリアすれば「実現可能」だという返答をもらった。

同じ審査機関に問い合わせて、結果が異なるというのはおかしな話だが、実はこのようなことは稀に起こる。

別に社長が行ったから、相手が態度を変えたわけではない。

始めからできないという諦めの姿勢ではよい結果にならない。

既成概念にとらわれず、決して諦めないという強い〝想い〟が大切なのだと思う。

自慢話になるが、明日家デザイン工房では開業以来、解約が1件もない。

これは、この業界では珍しいことだ。

多くの住宅会社では、契約していても年に数件は解約案件が出る。ローンが通らなかったり、許可が下りなかったり、打ち合わせでもめてしまったり……など事情は様々だ。

だが私は、「自社を選んでくださったからには、いつでも満足していてもらいたい」、その気持ちを強く持ち続けている。

打ち合わせでもめることは論外、許可が難しいと言われれば何としてでも活路を見出そうと、考え努力する。建築が始まれば我が家同然に考えて工事監理にあたる。

それゆえ、解約はゼロ。

この数字は、契約数よりも嬉しく感じている。

同じく『スラムダンク』より、挫折から立ち直ったシューティングガードの名台詞。

「こういう展開でこそ、オレは燃える奴だったはずだ」

自分自身を鼓舞する言葉である。

私自身、これまでの人生では逆境と呼ばれるような場面に幾度となく遭遇してきた。それでも今があるのは、この言葉による影響も大いに受けたからだと思う。

このように、漫画やヒーローなどからも学ぶものは多い。

あえて言えば、「どうやったら格好良いと思われるか？」

それを学ばせてくれる。

見た目の格好良さではなく、言動一致、仲間を大切にする、決して諦めない……など、心の部分だ。

私は元々人見知りで、日頃から大勢の人と付き合っていくタイプではない。

それでも、「俺たちは強い」とチーム一丸となる『スラムダンク』の登場人物たちや、体を張って仲間たちを守る『ＯＮＥ　ＰＩＥＣＥ』の主人公たちのような生き方に憧れを抱いている。

「家づくり」で最重要視していること

家づくりで、最も大切なことは何か？

そう問われたら、私なら〝想い〟だと答える。

『想いは手法の上流にあり』という言葉を紹介したが、何事においても、最終的には想いが大切。ここでいう想いとは、最終的にお客様に喜んでいただくこと、ご満足いただくこと。

はい、ご要望通りの家を建てました――それだけでは違うと思う。

お客様のご要望を踏まえ、いくつかのプラス要素を提案する。あるいは無駄を省くマイナスも提案し、お客様が住んでから満足できる家を建てなければいけない。

お客様に喜んでいただくこと、ご満足いただくこと、その想いが常に根底になくてはならない。


ところが、住宅業界の中には、単に仕事をこなして給料をもらっているだけ……という姿勢の人が少なからず見受けられる。そのような人は、深く考えず、お客様の要望だけを聞いて、家を建てようとする。

『顧客ファースト』という言葉がよく使われるが、私に言わせれば表向きの言葉だけで、ほとんどの人が仕事として淡々とやっているだけで心から思っていないし、できていない。

非常にもったいない話だと思う。

話はそれるが、年末に配布するカレンダー1つとっても、私はお客様が待ち望んでいるようなものを作ろうと考えている。

住宅会社が配布するカレンダーでよく見かけるのが、自社の施工事例や住宅にまつわる画像などを流用したもの。

しかし、お客様は既に新築やリフォームをして住んでいるわけで、他人の建てた建物が写真として使用されているカレンダーに興味を持つものなのか？

少なくとも私ならそのような写真には興味を示さないし、不要と思えば廃棄するかもしれない。さらに壁掛けカレンダーともなると、新しい家の壁に穴を開けたくないので、丸めたまま放置するか、子どもの落書き用にするか、もしくは廃棄するかの3択になる。

そのような理由から、明日家デザイン工房では設立から可愛らしい犬や猫の写真が入った卓上カレンダーを作成、お客様に配布している。もちろん万人受けしているとは思わないが、『ペット愛好家』が増えているからか、年末になると「待ってました」と言われることも多く、実際にリビングやダイニングに置かれているのも何度も目の当たりにした。

お取引先の受けもよく、予定が確認しやすいので配布を心待ちにしている方も多い。

これももらった人に喜んでもらいたいという〝想い〟を形にした一例。

家づくりに限らず、〝想い〟は非常に大切だと思う。

「仕事時間」と「休日」の捉え方

何事にも中途半端を良しとしない私は、周りからすごく忙しそうに見えるらしいが、実際にはそんなことはない。

以前は、毎日夜中まで仕事をしていた時期もあったが、今は仕事を遅くまでやることは滅多にない。

ここ数年は、夜7時頃には仕事を終え、帰宅している。小さな子供を風呂に入れるということもあり、時間を配分して、それまでに仕事が終わるようにしている。もちろん、社員も同様に遅くまで仕事はしていない。

プライベートが充実できずによい仕事は生まれない、ましてや他人のために想いを馳せるなんてできない、この考えは多くの人は当てはまることだと思う。

ただし、私はこのように意識している。

仕事を離れたプライベートの時間であっても、仕事ならば時間の許す限り対応する——と。

SNSなどで時折り拝見するが、役員待遇の方で「休日出勤」という言葉を使っているのを見かけることがある。

私自身は住宅業界に身を置いてから使ったことのないフレーズ。特に経営者になってからは毛嫌いしているフレーズと言ってもよい。確かに会社は休みだが、寝ている時間と入浴時間以外、個人的に休みはないと思っているからだ。

無論、用事がないのに定休日に会社に出たりはしないが、それでも、何かあれば休み関係なく対応する。私1人が動けば対応できる場合は、「今日は定休日だから、明日にしてください」とは絶対に言わない。

これが、私が考える経営者、あるいは役員像のひとつだ。

そういった意味では、仕事は仕事、プライベートとは明確に分けたい……………という人には向いていないかもしれない。

住んでいる家で何かトラブルがあった場合、お客様にしてみれば住宅会社の定休日なんて関係なく、早めに対応してもらいたいのが本音だと思う。建築の計画段階のお客様でも、日程変更をしたい場合やわからないことがあった場合、早めに連絡を入れたいのが本音だと思う。定休日だからと気を遣っていただいて、問題や疑問があるのに、丸1日モヤモヤした気分で過ごされることの方が嫌だ。

同じことを協力業者の皆さんにもお伝えしている。

「定休日でも遠慮なく電話して」と。

会社の定休日云々は関係なく、結果としてお客様に「心から喜んでいただければ」それでよい。

紹介活動はいたしません

「紹介受注を得るには……」といったコンサルタント研修を受けたり、社内教育を受けたりした同業の経営者や社員の方々も多くいることだろう。

私も実際にそのような研修を受けたことがあり、ご紹介の重要性は当然認識している。

だが、私はそこに趣をおいて仕事をすることは全くと言ってよいほどしていない。


紹介受注を上手く活用している他の会社もあるが、私たちのような小さな会社はどうしてもコストと時間に制約ができる。さらにお客様も限られてくるので、安定的な紹介受注も見込めない。

そういった背景もあって、基本的に経営は、常に新規のお客様で計算が成り立つように考えており、ご紹介から成約につながった場合はプラスアルファと捉えている。


それにもかかわらず、年間に数組のご紹介をいただけている。

お客様からのご紹介はもちろん、友人や知人、お取引先の方々からのご紹介だ。

お客様からのご紹介は、もちろん私たちの対応や新しい家の評価が友人や職場の仲間に口コミで伝わった結果だと思うし、知人や友人からのご紹介は私の人柄や取り組み方に対しての評価だと思うし、お取引先からのご紹介は仕事をする中で良い会社だと思っていただいている成果だと思う。

つまり、紹介受注を取るための活動というのは、何か言葉や行動で紹介を促すのではなく、普段の仕事や私生活の中から相手のためを想って行動していること全てが紹介活動につながっているのだ。

紹介の話とは異なるが、時折り、お店の店員に横柄な態度をとっているお客さんを見かけることがある。

しかし、私は立場変われば全員お客様になり得ると思って、相手を不快にさせないよう最低限の礼儀をわきまえて行動するよう心がけている。

反面、購入した商品に不具合があれば、平気で返品したり交換したりできる妻を見ていると恐ろしくなるが……。

〝感謝〟と〝御恩〟

以前、リクルート社発行の『SUUMO　注文住宅　茨城で建てる』という雑誌に、2年間（2018年・2019年）計8回の掲載をお願いした。

掲載までの経緯はこうだ。

現在の自社所有の事務所ができる前、まだ賃貸物件で営業していた会社設立間もない頃に、リクルート社の営業マンN氏が何度も足を運んでくれた。全国的に名が知れ渡っている大企業が、まだ設立間もない小さな会社へ何度も足を運んでくれる。

私は、これだけでも嬉しく思っていた。

その上、N氏は来訪の度に、業界の様子がわかる様々なデータを持参。上長まで連れて来ることもあり、何度もお話をさせてもらった。

おそらくは、雑誌やポータルサイトへの掲載の話を持ち出したかったのだと思うが、当時はそこまで広告宣伝費をかけられない経営状態。

その時は、それだけで終わっていた。

それから2年ほどが経過し、現在の事務所が完成し、資金的にも多少余裕も出てきた頃、久しぶりにN氏から電話があった。

「雑誌の担当は変わったのですが、新しい担当者の話を聞いてやってもらえませんか？」という内容だった。

新しくお越しになった担当者に私は、「掲載をお願いします」と即決。

こうして『SUUMO　注文住宅　茨城で建てる』への掲載が実現したわけだ。

本来ならば、誰も相手にしないような名もなき会社へ、大企業の営業マンが何度も足を運び、熱心に情報提供をしてくれた。おそらく、あの時にN氏が来てくれていなかったら、いくら魅力ある雑誌でも掲載は迷っていたと思う。

仕事の上での話しだから、恩義どうのこうのということではないかもしれないが、私にはそれに似た想いがあり、即決した。

個人的には、そういう関係性を大切にしたいと思い続けている。

当時の弊社を相手にするのは、大企業の営業マンにすれば、ある程度の賭けだったはず。

いわば先行投資に近いものだったろう。

苦しい時代から支えてくださるような方々との関係は、やはり特別だ。

今現在、明日家デザイン工房が優良企業であることを確認した上で新規営業にお越しになっても、私の心には響きにくいと思う。

「感謝祭」や「見学会」などは行いません

時折り、住宅建材や設備メーカーの営業さんから「集客は見学会ですか？」と聞かれることがある。だが、明日家デザイン工房では開業以来、お客様感謝祭や完成現場見学会などの集客イベントは1度も開催していない。

他の住宅会社では当たり前のように開催している集客目的のイベントだが、〝他社がやっているなら当社はやらずに集客してみよう〟〝やらずとも集客できる方法を考えよう〟という考えのもとに実施していない。

スタッフ数が私を含めて3名しかいないので、イベントを実施して人員を割けないという理由ももちろんあるが、何より最大の理由は他社との差別化だ。

感謝祭や見学会の開催案内はいずれも広告媒体での告知をしなくてはならないし、感謝祭にいたっては開催のコストも馬鹿にならない。

他の住宅会社などはそれら開催費用をお取引先に協賛金として出資を募ることもあるようだが、お取引先からすれば不平不満の火種をつくることになりかねない。『職人ファースト』を掲げる当社としては、そのような事態は極力避け、波風が立たないようになるべくしたい。何より旧態依然より続く工務店感を出さずにスマートに営業したいという気持ちが強い。

完成現場見学会についても想うところがあり、1組のご家族の要望で建てられた注文住宅が「万人受けする建物」とは限らない——と考えている。

本来、注文住宅というのはお客様のご要望をもとに、そのお客様向けに建てた建物で、それを見学した他のお客様は「イメージに近い」「イメージとは程遠い」など、様々な考えを持つはずだ。

前者ならまだよいが、後者だった場合、見学会の最中にご本人の望む建物のご要望をお聞きし「(見学会会場の建物とは) 違う建物もできますよ」とお伝えできなかったら、本来は様々なご要望にお応えできるのに、それが当社の建てる建物の特徴という誤解を招くことも考えられる。

このようなマイナスイメージを持たれたら、見学したばかりのまだまだ接点の薄いお客様の持たれたイメージを払拭するのは、かなり困難な営業活動となる。

当社の造る建物の仕上がりを確認したいお客様には、当社の事務所兼ショールームがそのまま自社施工の建物なので、「このような仕上がりが可能です」とお見せすれば事足りる。

何より不特定多数のお客様に向けたイベントでコストをかけることをしないで、その分を打ち合わせ中のお客様に価格で還元した方が喜ばれると思う。

もしも明日家デザイン工房で完成現場見学会を開催していたら、かなり集客に困っていると思ってください(笑)。

ホームページとブログの更新

明日家デザイン工房開業から導入しているブログ型ホームページ。決められたひな形を選択し、それに画像などのデータとテキストを入力してページを更新したり追加したりできる仕組みだ。その作業を私1人で行っている。

例えば新しく完成した住宅があれば、お引き渡し前に私がデジカメ片手に撮影に出かけ、見どころと感じる箇所を写真にして、それらに概要とコメントを加え施工事例のページを作り、最近はお引き渡し同日同刻にホームページで公開する。

私が作業している時間と移動に使った車の燃料代を除けば、コストはかかっていない。

外部のホームページ制作会社に委託すれば、結局カメラマンに依頼しない限り私が撮影に出向き、ページに掲載するコメントも考えて撮影してきた写真と共にホームページ制作会社に送り、ページができ上がってくると1度は私が確認の作業をすることになる。

それでいて、それらがホームページで公開されるのは、こちらの期待したタイミングのだいぶ後になる。

それではコストも時間もかかりすぎる。

そういった理由からブログ感覚で更新できる今のホームページは重宝しており、今後も変えるつもりもない。


それと、開業から継続的に続けているのが社内ブログだ。

開業間もなくは現場がないので、いろいろなウンチクを並べたり、お勧め間取りを記事にしたりしていたが、現場が増えてくると、ほぼ現場に行って撮影してきた写真の公開に切り替えた。

これは、それ以前の会社時代からやりたかったことではあるが、ブログの更新を社員任せにするとなかなか記事を書いて更新してくれない。

そのため、社内の公式ブログは私が全て記事を書いて更新するようにしている。

ブログに使用する写真は、社内の全員で現場に行った時に撮影してきたものを活用する。工事監理記録としての写真との併用だ。撮影してきた写真をもとに記事を書き、できるだけ現場に行った当日にブログを更新する。

こうして工事中のお客様への定期連絡は言葉で伝えるのではなく、スマートフォンやパソコンで見てもらうようにすれば、工事の進捗が一目瞭然となる。

以前在籍していた会社では、工事中の進捗状況を定期的にお客様に連絡することを工事担当者に義務付けしており、連絡を怠ったがために「連絡がない」とお客様から苦情をいただくこともあったが、明日家デザイン工房では工事進捗を定期的に連絡することをしなくても、ブログで自邸の工事進捗や近々の予定が確認できるので、工事進捗に関する苦情は全くと言っていいほどない。

SEOに詳しい人に言わせると、もっと集客に有効なブログサイトがあるらしいのだが、私は集客よりも工事中のお客様への定期報告的な意味合いを優先しているので、更新しやすい現在のブログサイトを活用し続けようと考えている。

「国策」への対応指針

数年前から長期優良住宅だのZEH（ネット・ゼロ・エネルギー・ハウス）だのが住宅業界では取りざたされている。

こういうものに積極的に取り組む住宅会社も少なくない。

一方でこういった取り組みに一切の興味を示さずに営業を続ける住宅会社もある。

そのような業界を取り巻く環境の変化が刻々と進んでいく中、どちらか一方が優位で、どちらか一方が劣勢という話は聞こえてこない。

これらはお客様の価値観やニーズが1つではないことを表している。

ちなみに明日家デザイン工房は、どちらかと言えば後者。

断熱に重要な外皮性能（断熱性能）や一次エネルギー消費量（水道や電気代）に焦点を当てたZEH基準という言葉があるが、普通に建築すればその基準を満たすだけの住宅性能を当たり前に有している。

つまり、いつでもZEHの「一次消費エネルギーをゼロにする」という条件は、太陽光発電システムを十分な容量搭載すればクリアすることを意味する。

長期優良住宅にしても、お金と時間をかけて申請をすれば、せいぜい基礎の配筋と構造用金物強化程度で基準はクリアできる。


それよりも、それら基準を満たすために犠牲になるものが出てくるのが腑に落ちない。例えばＺＥＨでは、ゼロエネルギー実現のために太陽光発電用のパネルの設置枚数が多くなり、必然的に屋根の傾斜面を南面に向けた片流れ屋根が多くなる。

長期優良住宅の場合は耐力壁としての壁量を多くする必要があるので、大開口サッシを多く採り入れたいという間取りには対応が困難になることもある。

いずれも間取りや建物外観に制約を生む条件となり、本来の自由設計対応、デザイン性の高い住宅を提供するのにマイナスに働く。


明日家デザイン工房では、デザイン性とコストパフォーマンスの高い建物をセールスポイントとしているので、この国策に積極的に取り組みをすることはそれらが義務化にならない限り、ないと思う。

ちなみに太陽光発電システムをＺＥＨと共にお勧めしてくるメーカーさんには、「北側に向かって傾斜のある片流れ屋根の場合、意匠性を損なわずにどうやったら太陽光パネルを設置できるかを考えてからご提案ください」と無理難題を言って、返事を未だ待ち続けている。

「M＆A」という選択肢

会社への新規営業の電話は、私に取り次ぐ前にスタッフが内容を聞いて断ってくれているが、スタッフが外出している時間帯に電話がかかってくると、私が電話を受けることがある。


その日も私1人で事務所にいる時にM＆Aを取次している会社からの電話が入った。

それまでもM＆Aの取次をしている会社からは何社もダイレクトメールが届いていた。

今のところ会社を売却するつもりはなかったが、「お話だけでも」と言うので興味本位に話を聞いてみようと思い、面談のアポイントを入れた。

面談の場で、私は「株を誰かに売却した後まで社長でいようとは思わない」とお伝えした。

実質的な会社のオーナーは株主、社長だからと言って会社内の全ての決定権を持つわけではない。実際に社長解任の経験もあることから、自分以外の株主のもとで社長をするつもりはない。

しかし、先方も多くの経営者を相手に営業をしてきた強者営業マンだ。

「契約まではお金が一切かからないので、どのくらいの額面で会社を売却できるか、それだけでも検討させてください」と諦める気配がない。

私は強気の営業には強気で応えるので数回お断りしたが、営業マンも困り果てたからなのか「何とかそこまではお願いします……」と人間らしさを出してきた。

そこで心動き、会社の市場価値を知ることも大切と思い、その営業マンに会社の査定をお願いした。

数日後、会社の株を売却した場合の株式売却算定書を持ってきた営業マンと再び面談。

結果から言うと、M&A会社への手数料と税金を払っても、贅沢しなければ20年以上遊んで暮らせるくらいの額面だった。

私は、今回の話をお断りした。額面に不満があったわけではない。

断った理由は、「株売却後2年間の引き継ぎ期間を経て、別の社長にバトンを渡す。その社長は非常勤、遠隔で会社経営に携わる」という話の内容に落胆したためだ。

今の私の仕事は、お客様との商談の場に立つ営業的な仕事以外に、建物の計画を考える設計的な仕事をしたり、工事担当者では対応できない場合には代わって現場に行き現場監督をしたり、ホームページやブログなどのSNS更新、チラシ広告の打合せなどの広報的な仕事をしたり、数量を拾って職人へ発注する注文書を作成したり、給与や職人・納入業者、その他経費など日々の支払い業務をチェックし支払い手続きをする経理的な仕事までをもこなしている。

それら多岐にわたる仕事を、非常勤の社長がこなすのは絶対に無理なことだ。

私は加えてこの営業マンにこうも伝えた。

「私ならこの会社を絶対に買わない！」と。

以前から私に代わる人財が現れれば、私はいつでも会社を譲る覚悟ができている。

しかし、自信過剰と思われるかもしれないが、その人財が現れることなく私がいなくなったら、数年で会社がなくなると思っている。

そんな暗い未来が待ち構えている会社に投資はしないという客観的意見だ。

お相手の営業マンからは、理解されたような気配は感じられなかった。

たぶん「何言ってんの、この人？」くらいに思ったことだろう。

私の離脱の時期は、今ではない。

最善の時期が訪れるまで、まだまだ社長で居続けようと覚悟が生まれた２０２２年夏の出来事。

明日家デザイン工房は「低空飛行」でよい

新型コロナウィルス流行前の2019年10月にお取引先の方々に集まってもらって開催した第7期懇親会では、「我が社は社員1人当たりの新築受注棟数が茨城県内ナンバーワンと自負しています」と挨拶させていただいたが、裏付けとして某社から入手した着工棟数データを見ながら、データ上にある会社の社員数を調べて計算したので、間違ったことは言っていないと思う。

明日家デザイン工房は私を含め社員3名で運営してきた。

社員を募集していなかったわけではなかったが、4人目が定着せず、結局3名で会社を動かすことになっただけなのだが。

しかし、新型コロナウィルス流行と共に世界の木材情勢が変わり、ウッドショックと呼ばれる木材の高騰が始まり、連動して工事価格が高騰。加えて半導体不足により電気機器の安定供給が難しくなってきた。

そのような大きな環境の変化を受けて、私は今までのような受注は見込めない、いや、見込んではいけないと思っている。

お陰様で、無借金経営に入ってからは各月の固定費が安定し、会社を維持するために必要な損益分岐点が明確になってきた。お国のためにたくさん納税することも大切だが、今は損益分岐点を超えていれば会社は確実に倒産することはないので、目標は損益分岐点超えにしている。

フランチャイズの加入、合理的なシステムの導入、ホームページの見直し、株や先物取引など、毎日のように営業の電話やメール・ＦＡＸが届くが、今後何かに投資することも考えていない。

今ある物がベストとは思わないが、ここまで上手く事が運んできた〝ベター要素〟ばかりだと思っている。

冗談で言うこともあるのだが、

「我が社は安定した低空飛行を続ける会社」。

街並みや自然が見える高さで低空飛行を続け、
時には雨や風の影響を受けつつも辛抱強く飛び続ける。
青空ばかりを求めて決して高度を上げない。

お客様のため、
お取引先のため、
社員のため、

……それが最良の選択であることをこれからも証明していきたいと思う。

おわりに

幼少期から30代になるまで、「将来は会社経営者になろう」などとは思ってもいなかった。人見知りで口数の少ない過去の私を知る人から見れば、私が社長になるなんて思ってもいなかったことだろう。

それが小さい会社とはいえ、いろいろな責任を背負って社長業をしている。

人生とは、何があるかわからない。

最近、つくづくとそう思う。

さらに思いを馳せるのは、「もしも、あの時……」と、人生のいくつかの場面で下した選択のことだ。

もしも、農家を継ぐ選択をしていたら、

住宅業界に転職する選択をしていなかったら、

転職先の住宅会社が全く別の会社だったとしたら、

その後もいくつかの選択肢の中で違う方を選択していたら、間違いなく今の自分はなかっただろう。

本書は、私がこれまで歩んできた住宅会社の遍歴と出来事をもとに、多くの方々に感謝の意を述べ、現在の私の考えを理解していただき、これからも住宅業界で働く若人へ少しでもためになる情報を提供できたら――と思い、執筆の意志を固めた。

無論、これから家づくりをするお客様にも読んでいただきたいと思う。

そして何より、両親が元気なうちにこれを読んでもらいたかった。

生んでくれてありがとう。

幼い頃からヒーローに憧れを抱いていた、茨城県にある小さな小さな住宅会社経営者の物語、これをもって結びの挨拶とさせていただきます。

■ 著者プロフィール

玉木 優 Masaru Tamaki

1969年茨城県生まれ。明日家（あすか）スタジオ代表取締役。

住宅会社3社の役員や管理職を経て、2013年明日家スタジオを設立。

その後、多くの方々の支援や期待に応えるため、2014年建築設計事務所 明日家デザイン工房を開設。

主にデザイン住宅や自然素材を使用した注文住宅の設計、木造の店舗や事務所の設計に携わる。同時に営業、施工監理、広報、経理などの業務をマルチにこなす万能型プレイングマネジャー。

建築設計事務所 明日家デザイン工房 誕生物語

リ・バース ～社長解任、そして復活からの軌跡～

2023年2月6日 第1刷発行

著 者 玉木《たまき》 優《まさる》（明日家スタジオ 代表取締役）

発行者 太田宏司郎
発行所 株式会社パレード
大阪本社 〒530-0021 大阪府大阪市北区浮田1-1-8
TEL 06-6485-0766 FAX 06-6485-0767
東京支社 〒151-0051 東京都渋谷区千駄ヶ谷2-10-7
TEL 03-5413-3285 FAX 03-5413-3286
https://books.parade.co.jp
発売元 株式会社星雲社（共同出版社・流通責任出版社）
〒112-0005 東京都文京区水道1-3-30
TEL 03-3868-3275 FAX 03-3868-6588
装 幀 藤山めぐみ（PARADE Inc.）
印刷所 創栄図書印刷株式会社

ISBN 978-4-434-31578-7 C0095